诗画桥

杨雨 何旭辉 王嘉 ◎著

湖南教育出版社
·长沙·

序

2021年的秋季，山城重庆被秋色点染得颇为明媚，虽非典型的江南景致，却也令人想起杜牧的诗句："青山隐隐水迢迢，秋尽江南草未凋。二十四桥明月夜，玉人何处教吹箫。"在那个诗意的季节和诗意的城市里，某一天我收到中南大学土木工程学院何旭辉教授寄来的一本诗意的书——《诗话桥》。尽管此前旭辉教授已经微信告知：他正在和中南大学人文学院中国古代文学专业合作做一个古典诗词与古桥的文、工跨学科交叉研究项目的尝试，并且已经有了阶段性的成果，即《诗话桥》一书，但我对这个项目还是保持着半好奇半质疑的态度。毕竟，脑袋一拍想出一个忽悠人的新"创意"不难，难的是使这样一个听上去有点玄乎的"创意"真正"落地"。所以，当我真的接到旭辉教授寄来的快递时，我便带着这点好奇和质疑翻开了那本装帧雅致的《诗话桥》。令我万万没有料到的是，我居然一口气将这本书读完了，且，读得津津有味！

我在土木工程领域深耕数十年，但我必须承认，我还是第一次从如此诗意的角度来审视中国的古桥文化和桥梁发展的历史，《诗话桥》文字之唯美、观察之细致、文献之翔实、体系之完整给我带来一种非常舒服且时有会心的阅读体验。这种体验与我平时阅读本专业理论书籍的体验是完全不同的两种感受。《诗话桥》仿佛为我打开了一扇新的、审视我的专业的窗口，从这扇窗看过去，桥不仅仅具备结实的结构形态，更拥有了灵动的诗情画意。

2023 年 4 月，我应旭辉教授邀请到中南大学土木工程学院讲学，便提出了能否见见“诗话桥”课题组主干成员的请求。旭辉教授欣然接受，安排了一场“诗话桥”的雅集，我也因此结识了“诗话桥”团队古代文学专业的负责人杨雨教授。我对杨雨教授说：“你们的《诗话桥》，我是从头至尾完整地读了一遍的。”她当时的表情显得有些“难以置信”——她可能的确没想到，一个工科学者会有耐心读完这样一部和本专业并没有直接关系的科普著作。

看来，不同专业的学者真的应该多一些交流，少一些“偏见”。

正是在那一次聚会中，杨雨教授告诉我，“诗话桥”团队正在撰写《诗话桥》的“升级版”——《诗画桥》。以“画”易“话”，意味着新著将从文学、工学再跨界到艺术领域：结合著名古画中的桥梁来反映桥梁建筑审美在不同时代的变迁，并与古典诗词中桥梁意象呈现的画面感形成呼应。从以“诗”话“桥”，到诗、画、桥三者的交融，我不得不感叹“诗话桥”真是一个充满创新精神的团队。由此，我对《诗画桥》也充满了期待。

今年7月，杨雨教授将《诗画桥》初稿电子版发给我，并且告诉我，她以此稿为底本，正在中央电视台《百家讲坛》栏目录制“诗画桥”系列讲座，请我对讲稿提出批评建议，并“小心翼翼”地问我能否为《诗画桥》写序。我答：“等我先看看书稿吧。”

不得不承认，“诗话桥”团队的新作没有让我失望。《诗画桥》推陈出新，时时带给我耳目一新之感，我几乎又是一口气读完了全部的书稿。

如果说，此前的《诗话桥》是以桥梁建筑结构及桥梁发展史为主线，来呈现桥梁中蕴含的诗意之美；那么，《诗画桥》则是以时代为顺序（从先秦到当代，一共15集），以中国古典诗词中桥梁意象被赋予的象征意义和精神内涵为主线，融合不同时代古画中呈现的桥梁形态以及建筑史上的桥梁发展轨迹，讲述桥梁、诗词背后那些动人的故事以及不同时代文化特质、审美思潮之于桥梁的互动关系。书稿通过桥梁这一核心元素，娓娓道来的，或是波澜壮阔的宏大历史，或是细腻婉转的爱情故事，或是睿智深邃的哲学思辨，或是慷慨激昂的家国情怀，或是情趣盎然的友朋志趣，或是父子传承的家风渊源……此前我从未意识到，桥梁在中国传统文化中有着如此丰富的情绪价值和隽永的精神内涵，它既可以是庄子与惠子在濠梁上玄妙的哲人睿智，也可以是孟浩然灞桥风雪中寻觅诗思的超然风度；既可以是盛唐诗人“鸣鞭出渭桥”的报国壮心，也可以是白居易天津桥边“抱团养老”的幽默风趣，又或是垂虹桥边的隐士气韵，以及徐淑、秦嘉“河广无舟梁”的最美异地恋情书……全书如行云流水一气呵成，诗、画、桥融会贯通、视野开阔，不时流露的奇思妙想让人忍不住或是会心一笑，或是眼眶一热……

一字一句读来，我仿佛是驾一叶扁舟，遨游在两千多年的历史长河中，不同时代的桥梁和诗词在我眼前飘然而过，我真有姜夔“曲终过尽松陵路，回首烟波十四桥”那样的感动。

更让我感动的是，最后一集也就是第十五集，讲述了中国现当代桥梁发展的历程，虽则篇幅不长，但作者由古及今，以当代桥梁建设的日新月异展现了新中国的强大自信，信息是浓缩的，激情却是澎湃的。作为当代土木工程专业的学者，我见证了新中国建设的突飞猛进，我为此无比自豪，也为自己能有所贡献而感到欣慰。

我在提笔写这篇序的时候，中央电视台科教频道《百家讲坛》栏目正在播放杨雨教授主讲的“诗画桥”系列节目，那些熟悉的文字通过视频的形式再现于我眼前，“诗话桥”团队中的大学生们那青春洋溢的笑容让我看到了中国桥梁建设未来的希望，看到了传统文化在当下绽放的鲜活的魅力。

我非常认同《诗画桥》第十五集的标题“一桥飞架南北——跨越天堑让梦想之光照进现实”：桥梁的使命就是跨越障碍，连接彼此，承担责任，共同“渡”过，让诗和远方的梦想成为现实！我希望，“诗话桥”团队的脚步不止于此，要不断地走向未来，走向我们共同的梦想。千千万万座桥梁等着我们去建设，等着我们去走过，等着我们去记录，等着我们去呈现桥梁之美、文化之美、青春之美。

在此，我想引用《诗画桥》第六集《鸣鞭出渭桥——守护一座桥就是守护大唐的家国》结尾的文字作为我这篇序的结束语：

那个少年，在渭桥上，在长安城，在一代英主唐太宗的身边，激扬文字，追逐梦想。

那个少年，骑一匹骏马，背一把弯弓，披一袭白衣，扬鞭策马，绝尘而去。在某个清晨，当他飞驰过长安城外的渭桥，在桥的那头，他也许会勒住缰绳，骏马一声长啸，白衣少年一个回眸，在他的眼神里，我们看到了挥洒青春的恣意，看到了如日初升的朝气，更看到了万里赴戎机的无所畏惧和保家卫国的无比坚定！

这就是李白笔下的盛唐，这样的盛唐，是无数个“骏马似风飙，鸣鞭出渭桥”的英雄少年共同创造的盛唐。

盛唐不曾远去，少年仍会归来。

渭水上的桥会永远见证少年英雄对盛世家国的守护！

是为序。

2025 年 2 月

序作者：杨永斌（中国工程院院士，结构力学与动力专家，

重庆大学土木工程学院荣誉院长）

目录

第一集

造舟为梁

——世上最牢固的桥梁是人心

爱情与战争，是文学永恒的话题，它们具有一股传奇的力量。

3000 多年前的公元前 12 世纪，正是中国历史上的殷商时期。

在中国和在西方，公元前 12 世纪都是一个神奇瑰丽且波澜壮阔的时代。当时的古埃及，正处于第二十王朝时期；而同样在这个世纪，古希腊则处于迈锡尼文明时期，著名的特洛伊战争也发生在这个世纪。据《荷马史诗》说，希腊联军发动特洛伊战争是为了争夺当时世界上最美艳的女人海伦。

谁能想到，在公元前 12 世纪前后的中国，也发生了一场改变历史的著名战争。

的确，无论是爱情还是战争，都是这个世纪推动历史滚滚前行的力量。

这场战争和这场战争背后最重要的女人，同样记录在中国的一首史诗当中。这首史诗，就是《诗经》中的《大雅·大明》。而这场战争最重要的见证者之一，竟然是一座桥。

《大雅·大明》虽然比不上《荷马史诗》的篇幅之长，但它不仅铭记了一场改变华夏历史的战争，而且还记录了一场盛大而隆重的婚礼，同时书写了一个家族和一个王朝的伟大崛起。

我们不妨首先从这场战争说起。

公元前约 1046 年，姬发率战车三百乘挥师东下，沿渭水顺着黄河一路向孟津进发。

姬发，即历史上的周武王，是西周王朝的开创者。

周武王的军队一鼓作气，渡过了孟津，剑指殷商都城朝歌（今河南省淇县）。各国诸侯闻风而动，纷纷率军集结于武王麾下。此时的姬发，意气风发，他在誓师大会上发表了《泰誓》，怀着必胜的信念昭告天下："受有臣亿万，惟亿万心。予有臣三千，惟一心。""受有亿兆夷人，离心离德。予有乱臣十人，同心同德。"

在誓词中，那个被姬发轻蔑地称为"受"的人，便是当时的天下共主——历史上声名赫赫的商纣王。商纣王，姓子，名受，又称帝辛。在中国历史上，夏朝的桀和商朝的纣往往并称桀纣，是昏君暴君的代名词；而与之相对应的明君贤君则是商汤周武。桀纣分别是夏朝、商朝的亡国之君；而商汤周武则分别是商朝、周朝的开国君王。

即将在商纣王和周武王之间爆发的这场战争，显然是一场兵力悬殊的战争。据《史记·周本纪》记载，姬发仅仅拥有三百辆战车，虎贲三千人，甲士四万五千人，即便加上诸侯的军队（车四千乘），也远远不能与商纣王抗衡。所以周武王在《泰誓》中才会说，商纣王“有臣亿万”。

但是，这吓不倒雄心勃勃的周武王。的确，人数众多又有什么用呢？亿万人，却各怀异心，即“亿万心”，离心离德，不过是一盘散沙而已。姬发称己方则是“有臣三千，惟一心”，这便是他的信心来源：人数上虽不占优势，但只要同心同德，就能拧成一股绳，无往而不胜。

周历二月，周武王的军队和诸侯之师已陈兵商朝都城朝歌的南郊——牧野（今河南省淇县西南），武王再作《牧誓》以壮军威。这一幕被记载在了史诗《大雅·大明》当中：“殷商之旅，其会如林。矢于牧野，维予侯兴。上帝临女，无贰尔心。”

这，就是历史上著名的牧野之战。

周师来战，商纣王发兵七十万拒敌——这果然是一场实力悬殊的战争。然而，正如武王在《泰誓》中预料的那样，商纣王的残暴昏庸早已令他尽失人心，七十万大军在周师战车的突围之下土崩瓦解——其实真正让商军望风披靡的并不是武王麾下神勇的战车，恐怕还是人心已失吧！

《史记》关于牧野之战的记载很传神：“纣师虽众，皆无战之心，心欲武王亟入。”领命迎战的商朝军队，内心早已巴不得大开城门，迎接武王的仁义之师！于是，周武王的大旗一挥，“纣师皆倒兵以战，以开武王”。商纣王众叛亲离，仓皇逃入他精心营造且曾经纵情声色的鹿台，自焚而死。

自此一战后，周武王成为新一代天下共主！

《大雅·大明》最后几句称颂的便是周武王和他最得力的辅臣姜太公（吕尚）的功绩：“牧野洋洋，檀车煌煌，驷騵彭彭。维师尚父，时维鹰扬，凉彼武王。肆伐大商，会朝清明。”宽阔平坦的牧野啊，檀木制成的战车亮堂堂，并驾齐驱的四匹骠马强壮勇猛。太师姜太公啊，就像雄鹰展翅凌云，他协助着周武王驰骋疆场，袭击殷商讨伐商纣，一朝开创新气象。

据说，牧野之战胜利之时，正值黎明太阳初升。“会朝清明”，一个昏暗的时代结束了，代之而兴的将是一个崇尚礼仪的新时代。就像后来的孔子感叹的那样：“郁郁乎文哉！吾从周。”周朝的礼仪制度多么丰富多彩呀！我要遵循周王朝的制度！于是，继承和发展礼教便成了孔子终身向往和追求的最高理想。

牧野之战的胜利，商朝的灭亡，周王朝的诞生，这一切似乎都应归功于这场战争的最高指挥者和胜利者周武王姬发。然而，历史的评价却并非如此简单粗暴。因为，历史的智慧从来不会只满足于对一次偶然事件的津津乐道。历史，总是希望在追根溯源中寻觅到一个普遍的规律。

因此，在《大雅·大明》这首旨在记述武王伐商的史诗中，高潮部分似乎的确是在描写牧野之战，但正面描写战争和歌颂武王功绩的笔墨却并不多，大量的笔墨反倒是留给了此前举行的一场盛大的婚礼。这场婚礼的男主角是姬昌，周武王的父亲，也就是历史上的周文王；女主角则是太姒，周武王的母亲。象征着这场婚礼与众不同的高贵与盛大的“灵魂”，则是一座没有名字的桥梁——这座无名之桥，应该也是最早进入诗歌中的桥梁之一。它一面世，便以王之尊贵的姿态辉映了中国历史。

周文王即位之初，即将迎娶自己命中注定的妻子，《大雅·大明》中所谓的“天监在下，有命既集。文王初载，天作之合”，就是说人间万事都在上天的洞悉之下，而天命已在周文王身上显现，文王的婚姻便是“天作之合”，也就是天命牵线促成的佳偶良缘。直到现在，“天作之合”还被用来形容和谐美满的婚姻。

周文王命中注定的这位佳偶，从《毛诗》到朱熹的著作中，都被认定是有莘国国君的女儿太姒——“大邦有子”，这个大邦指的便是有莘国。那是一位以美丽娴静温柔而闻名的女子，是多少诸侯王、王子王孙梦寐以求的女子。“大邦有子，伣天之妹”，有莘国的这位王女，她的绝世姿容如同流风回雪，如同落花依草，如同芙蕖出渌波，她高贵优雅得不似人间女子，更像是天帝的公主。人间哪里有配得上她的佳偶呢?

有，而且只有一个!

那就是周文王姬昌，只有他与她才是“天作之合”。

只有他，才是她命中注定的唯一。

是不是所有的爱情在圆满之前必然会遭遇难以跨越的障碍?即便是天命集于一身的周文王，在追求自己心仪的女子的时候也会面临挑战，那条宽阔而湍急的渭水将他和她分隔在了两岸："在洽之阳，在渭之涘。"她在洽水（源出今陕西省合阳县西北）的北岸，渭水的水边。洽水北岸就是有莘国所在地。水的另一边，就是焦急等待的周文王，而他心心念念的佳人，此刻，正"在水一方"。

《诗经》中有太多诗篇描写了河水与爱情的关系，《诗经》仿佛也在无言地证明：在文学的童年时期，比起战争带来的功业，爱情的获得永远更让人心驰神往，念念不忘。

所以，当爱情的双方被河流阻隔的时候，女孩子会焦急而娇嗔地抱怨："子惠思我，褰裳涉溱。子不我思，岂无他人？"（《诗经·郑风·褰裳》）如果你真的思念我，那就应该提起你的裙角蹚过溱水。如果你不思念我，难道就没有别人思念我了吗？一条浅浅的小河又岂能阻隔相爱之人的相思之情？

而男孩子也会在漫长的守望等候中忐忑不安："蒹葭苍苍，白露为霜。所谓伊人，在水一方。溯洄从之，道阻且长。溯游从之，宛在水中央。"（《诗经·秦风·蒹葭》）水边的芦苇茂盛得一望无际，深秋的白露结成了寒霜，而我深深思念的那位佳人，却在河水的另一方。我想逆流而上去追寻她，道路却如此漫长而充满险阻；我想顺流而下去找寻她，可她却仿佛若隐若现、若远若近地永远伫立在水流中央。

仅仅是一条河，就可以让相爱的两个人相隔咫尺，却似天涯。

咫尺，天涯……

这类慨叹爱情得失的句子在《诗经》中无疑最能触动人心。求而不得的伤感，温柔旖旎的思念，甚至爱情失落之后的黯然神伤，都会成为心灵深处最优美的歌。所谓“情动于中而形于言”，就是爱情在诗歌中最真最美的样子吧！

得之，爱人之幸！失之，诗人之幸！

然而，姬昌与太姒的这场旷古恋情，既是属于他们的幸运；同时，也是属于诗歌的幸运；甚至，还是属于中国历史的幸运。

一条深广的渭水并没有阻拦姬昌对太姒的追求。爱情的力量无往不利，一条河又能算得了什么！为了能够渡河迎娶梦寐以求的女子，周文王创造了黄河流域、渭水之上第一座见诸文字记载的浮桥——“文定厥祥，亲迎于渭。造舟为梁，不显其光”。

原来，从爱情到婚姻的距离，只差了一座桥！

姬昌通过郑重的占卜选定了良辰吉日，一切将按照最完备最尊贵的婚礼仪式来进行。而婚礼中最盛大、最隆重、最令万众瞩目的环节将是——亲迎礼。

古代婚礼通常有六道程序：纳采、问名、纳吉、纳徵、请期、亲迎。亲迎是最后也是最隆重的一道程序：新郎穿上华贵的礼服，亲自到女方家里迎接新娘，正式向所有人宣告两姓联姻的完成。（《仪礼·士昏礼》）即便是天子也须遵循礼制，对婚礼程序中的亲迎礼给予至高无上的尊崇。比如《礼记》就记载了鲁哀公与孔子的一段对话。鲁哀公质疑：作为一个君王，要在婚礼中“冕而亲迎”，也就是穿戴上最正式的礼服和冠冕亲自迎亲，这是不是太过隆重了一点？

孔子一听鲁哀公居然质疑“冕而亲迎”的重要性，不禁“愀然作色”，直言不讳地批评鲁哀公：亲迎礼标志着“合二姓之好，以继先圣之后，以为天地宗庙社稷之主”，您怎么能觉得这样的仪式太过隆重呢！王的婚礼已经不仅是两个人、两个家族的事，更是要作为全国、全天下表率的仪式啊！

这样看来，君王婚礼中的亲迎礼应是一场浩大又隆重的典礼。对于老百姓来说，如果能够目睹帝王的婚礼，那应该是一生中莫大的幸事了吧！南唐后主李煜在迎娶他的继后小周后的时候，也是以帝王之尊“行亲迎礼”。这样盛大的庆典引起举国上下轰动，甚至达到“民间观者万人”的地步。更有甚者，为了一睹盛况，爬到屋顶上，结果屋顶不堪重负，观看的人随着瓦片扑通坠地……

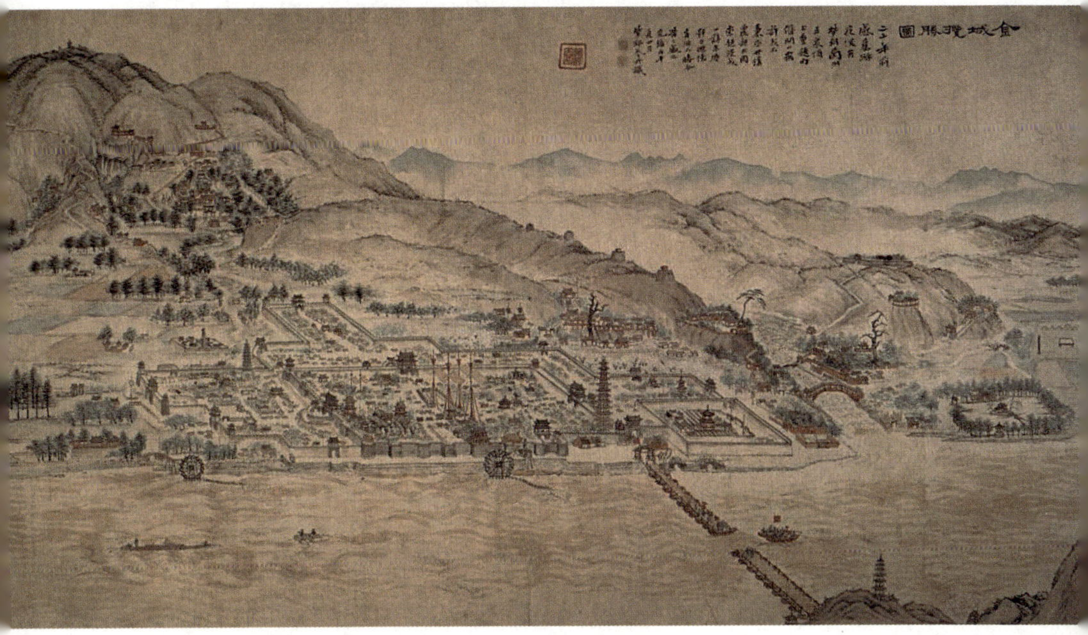

○［清］《金城揽胜图》，甘肃博物馆藏

而周文王姬昌的这场婚礼显然也值得载入史册，写进史诗。

因为，这场亲迎礼有它最为独特的亮点——造舟为梁，亲迎于渭。

为了能够渡过渭水迎接新娘，周文王命人“造舟为梁”。这句只有四个字的命令，其实包含了一系列的工程：首先是造船，然后将船只一艘一艘地连接起来，最后于船上加板。这就是今天所说的“浮桥”了。

想想那个画面吧！波光浩渺的渭水，一座长龙般的浮桥逶迤其上，日光闪耀，庄严的礼乐声中又透露出含蓄的欢快，浩荡的迎亲队伍簇拥着盛装的文王，踏上那座长长的浮桥，一步步走向曾经让他辗转反侧、寤寐求之的新娘太姒。

“造舟为梁”，“亲迎于渭”。渭水上的这座浮桥，不仅是两颗相爱的心之间的联结，还是两段波澜壮阔的历史的联结。

因为，在这座浮桥上结为连理的两位新人拥有与众不同的身份与地位。周王朝还因为这座浮桥而诞生了新的婚礼等级制度：“造舟为梁”是周文王的创造发明，从此演变成了天子婚礼的象征，也就是说，只有天子才有资格造舟为梁行亲迎礼。天子之下的诸侯则是“维舟”，也就是四艘船相连；诸侯之下，大夫为“方舟”，也就是两船并联；大夫之下，普通的士人则只能“特舟”，即一条船。至于普通的“庶人”老百姓，就只能乘木筏子（泭）了。

后来李煜亲迎小周后之时，大臣徐铉还写过这样两句诗来称颂婚礼仪式的盛大：“造舟已似文王事，卜世应同八百期。”（《纳后夕侍宴又三绝》）

自这场婚礼之后，“造舟为梁”在周王朝就成了天子专享的“造舟”之礼。

有点可惜的是，现在我们已经看不到这座曾经聚集全天下目光的浮桥了，甚至我们也很难从留存的文物中看到三千年前中国的桥的真实模样。但有意思的是，在西周时期，有一种青铜币，就因外形酷似桥架而得名。这种货币称桥梁布，也称桥币。

在造型设计上，桥币的形状酷似单孔桥的基本造型，尽管有些跨度大，有些跨度小，有些甚至近乎半圆形的桥洞。有些在钱币两端设计了兽首形象，造型精美、线条流畅，即便以今天的眼光来看，其造型设计的水准也依然令人啧啧称奇。

从钱币的铸造技术而言，东周时期的桥币已经达到很精美的地步。青铜表面的纹饰图案，历经数千年仍能看出明显的轮廓。钱币

○ 桥币

的上方留有穿孔，可将钱币穿成一串，便于随身携带，或入账盘点。

钱币是经济发展的产物，是社会生活最真实的窗口。我国是世界上最早使用铸币的国家，而金属货币的历史，可以追溯到3000多年前的殷商晚期，到了春秋战国，钱币的使用更是随着商品经济的发展而广泛流行起来。中原地区的布币、东部地区齐国和北部地区燕国的刀币、西北地区秦国的圜钱、南部地区楚国的蚁鼻钱，成为早期流行的四种主要货币。正如我们通过造型和名称得到的感受一样，这些货币的设计灵感，无一例外地来自刀、铲、纺轮等生产工具，反映出货币原产地的经济生活特点。因此我们或许可以猜想，是不是先有桥，才在此基础上设计出了桥币呢？

桥币存在的时间并不太长。有研究者认为，这是从立体货币到平面货币发展的一种过渡形式。至于钱币为什么设计成桥的形状，其灵感除了来源于真实的社会生活之外，还可能因为桥具有联结和沟通的寓意，在经济生活中被赋予了“过桥生意”的吉祥寓意。古人用桥的造型，表达着一种不受地域江河或商业环节限制的贸易理念。一桥飞架南北，天堑变“钱”途。贸易的繁荣，经济的发展，无疑都必须建立在联结和沟通的基础之上。

令人欣慰的是，今天中国的造桥技术已经达到跨越高山峡谷、大江大海的水准，任何相爱的两个人之间都不会再因为缺少一座桥而只能一生相望却不能相守。

我们还是回到幸运的周文王和太姒的这场婚姻上来。

爱一定要大声说出来，幸福一定要让全世界都看见！这是不是

○［清］《黄河兰州浮桥图》，台北“故宫博物院”藏

就是周文王“造舟为梁，不显其光”的意义呢？

或许，会有人不以为然地质疑：大多数的童话都会以一场盛大的婚礼作为结局，因为婚姻的冗杂多半会磨损爱情的纯粹，童话往往都不忍心描述婚礼以后的婚姻故事。

那么，周文王与太姒童话般炫彩的“造舟为梁”的盛大婚礼，会不会也只是一场浪漫爱情的句号呢？

答案也在《诗经》里。

《诗经》中的第一首诗也是最著名的一首诗：“关关雎鸠，在河之洲。窈窕淑女，君子好逑。”（《周南·关雎》）据说讲的就是伟大的周文王和贤德的太姒琴瑟和谐的美满婚姻。

汉代以来，多数学者都把《周南·关雎》解读为描述“后妃之德”的作品，也就是歌颂太姒贤德的诗，而诗中“窈窕淑女，君子好逑”的“君子”就是周文王。天子之妻，同时也是万民之母，她不应该只是以美色与柔顺赢得丈夫的专宠，还应该尽心尽力辅佐自己的夫君，帮助丈夫求取贤才，维系民心，安邦定国。

有意思的是，在《大雅·大明》这首史诗当中，主题明明应该是歌颂武王伐纣、开创了延续七百九十一年的周王朝（前1046—前256）的不世功业，可是关乎成败的最后一役牧野之战只是几笔轻轻带过，文王与太姒的婚礼却用了大段的诗句浓墨重彩地描写，又尤其以“造舟为梁”为点睛之笔——一座专属天子的浮桥，不仅连接起了渭水两岸相互倾慕的两颗心，更树立了家庭和美、家国和谐的典范。

是的，在中国人的传统中，家、国是一体的，家和国兴才是社会最好的状态，天子与“国母”的婚姻美满便是天下万民共同的期待与效仿的榜样。正是基于古人这样的心理期待，这首歌颂周王朝兴起的史诗，不仅重点描写了堪为万民表率的周文王的婚姻，还往前上溯了周文王的父亲王季与母亲太任的婚姻——代代传承的家风渊源是周王朝必然取代殷商而兴起的良好基因。

《诗经》的另一首史诗《大雅·思齐》也曾毫不吝惜对太姒的赞美：“大姒嗣徽音，则百斯男。”说的就是太姒继承了这种优良的家风，因此能够让家族兴旺，并且培养出周武王姬发这样优秀的儿子。

周文王一共有十个儿子，长子伯邑考早卒，次子即周武王姬发。除周武王之外，周武王的弟弟姬旦也是周王朝开国初年的辅国重臣、卓越的政治家，是后来的孔子连做梦都想亲受其炙的“周公”。周公在辅佐天子东征西战平定天下的同时，还以其多才多艺的实力创立了周王朝的典章制度与礼乐文化等，奠定了绵延三千多年的中国传统文化的基础。

当我们回望那段历史：商纣王在昏虐残暴、沉溺声色中一步步众叛亲离、滑落深渊的同时，周文王姬昌却秉承家族的优良传统，积德行善，他“笃仁，敬老，慈少，礼下贤者”，从一方诸侯中悄然崛起。因为文王如此贤德，身边聚集了天下众多贤士，才奠定了武王伐纣一战而胜的牢固根基，所谓“得道者多助，失道者寡助”，正是这个道理。《大雅·大明》如此赞美文王的仁德：“维此文王，小心翼翼。昭事上帝，聿怀多福。厥德不回，以受方国。”谦虚谨慎又“小心翼翼”的文王，对上，不违天命，因而福泽绵长；对下，礼敬仁爱，故而四方邦国都景仰他、信服他。没有文王的奠基之功，就不会有武王牧野之战的一战而胜。

修身、齐家、治国、平天下，这是周文王与日月齐光的人格魅力；一直站在他身边的那位女子太姒，脸上始终带着怡人的微笑，晔兮如华，温乎如莹，她值得他的寤寐求之，值得他专门架起一座史上最尊贵的浮桥去迎接在水一方的她，值得史诗和史书专门为她留下一席之地，让男人在叱咤风云的战场背后还有着令人向往与眷恋的温柔与和平。

毕竟，当那座最荣耀最尊贵的浮桥隐没于历史之后，还有一座更牢固更持久的桥梁架在我们心里。

诗经·大雅·大明

明明在下，赫赫在上。天难忱斯，不易维王。
天位殷适，使不挟四方。挚仲氏任，自彼殷商，
来嫁于周，曰嫔于京。乃及王季，维德之行。
大任有身，生此文王。维此文王，小心翼翼。
昭事上帝，聿怀多福。厥德不回，以受方国。
天监在下，有命既集。文王初载，天作之合。
在洽之阳，在渭之涘。文王嘉止，大邦有子。
大邦有子，伣天之妹。文定厥祥，亲迎于渭。
造舟为梁，不显其光？有命自天，命此文王，
于周于京。缵女维莘，长子维行。笃生武王，
保右命尔，燮伐大商。殷商之旅，其会如林。
矢于牧野，维予侯兴，上帝临女，无贰尔心。
牧野洋洋，檀车煌煌，驷騵彭彭。维师尚父，
时维鹰扬，凉彼武王。肆伐大商，会朝清明。

第二集

在彼淇梁

——你是我的一缕执念

上古时期的桥梁，既是人们远行和回家必经的交通要道，也是群居区域地标性的建筑，同时还是无数悲欢离合爱情故事的发生地。《诗经》中的桥梁就用一咏三叹的缠绵吟唱着爱情中的相思、等待与希望，《卫风·有狐》就是这样一首凄美的爱情诗。

这是一首有关狐和相思的诗。

狐在桥上，相思在心里。

《卫风·有狐》吟咏的是一只在淇水的桥上孤独缓行的狐，而唱出这首忧伤诗歌的人，应该是一位思念着远行丈夫的女子。

“有狐绥绥，在彼淇梁。心之忧矣，之子无裳。”有一只狐在淇水的桥上彳亍着，它那孤独而迟缓的身影引起了我满腹的忧伤，让我想起远行已久、杳无音信的他——在这寒冬腊月的冰天雪地里，他可有足够御寒的冬衣？古人的服装一般为上衣下裳，以带系之。所以《卫风·有狐》三段的最末一句分别是“之子无裳”“之子无带”“之子无服”，其中的“裳”指下身穿的裙子，“带”则是衣带，“服”泛指衣服。一位留守妻子对远行丈夫的牵挂与担忧很可能是多方面的：他能不能吃饱穿暖？他会不会遇到危险？他会不会觉得孤单？他会不会像我想念他一样想着我呢……担忧无穷无尽，可是这首诗并没有将女子的忧虑全盘托出，而只是紧紧抓住了其中的一点：我不知道他现在流浪到了哪里，我没有办法给他寄去保暖的冬衣啊！

“有狐绥绥，在彼淇梁……”在女子忧伤而悠长的咏叹中，我们仿佛也沿着她的视线，看到那只独自行走的狐狸，它从淇水的桥上走来，缓缓地走到浅滩上（“在彼淇厉”。厉，即濑，指水边有沙石的浅滩），再走到淇水的岸边（“在彼淇侧”）。她的思念与牵挂，也随着狐的缓慢移动而愈转愈深……

在这首诗当中，最吸引我们关注的，除了女子绵长的牵挂与忧伤的思念之外，还有两个核心意象：梁与狐。

梁，就是桥。先秦典籍中的桥一般都以“梁”来表示。而“梁桥”这个词后来还被用来指称古代四种主要桥梁形态之一。

古代桥梁主要有四种类型：拱桥、索桥、浮桥与梁桥。

拱桥是指以受压为主的拱作为主要承重结构的桥梁。古代的拱桥一般都是上承式的，也就是桥面在承重结构拱顶上面，桥洞为带有一定弧度的曲线型拱状，这样的弧度形似弯月或者彩虹，所以在

○［清］戴熙《岩谷春回图》（局部），上海博物馆藏

中国的古典诗词中，拱桥也常常被美称为“月桥”或者“虹桥”。张继《枫桥夜泊》中的苏州枫桥，杭州西湖十景之一“断桥残雪”的断桥，杜牧笔下“二十四桥明月夜”中扬州瘦西湖的二十四桥，都是典型的拱桥。鼎鼎大名的赵州桥始建于隋代，全长 64.4 米，桥面宽约 10 米，是中国现存年代最久远、保存最完整的单跨敞肩石拱桥（敞肩是指拱背有孔，便于泄洪和减轻桥体自重），展现了当时中国石拱桥建造技术的高超水平。

索桥是指以承受拉力为主的索作为主要承重结构的桥梁。古代索桥极少在河中间修建桥墩，也没有现代的索塔，桥面悬挂于空中，桥索锚固于两岸，不仅可以用来跨越比较深或者水流湍急的河流，也常见于高山峡谷之间。关于索桥的起源，有人认为灵感来自“猴子造桥”：一群猴子想要过河，一只猴子先上树，然后第二只抱住第一只，第三只又抱住第二只，这样一只一只首尾相连，形成一长串，然后像荡秋千一样将最尾端的那只猴子甩到对岸，最尾端的那只猴子顺势抱住对岸的大树，这样就搭成了一座“猴桥”。猴子们便可以顺利地从“猴桥”上鱼贯而过啦。人类先祖大概是从这样的场景中得到启发，使用藤蔓或编织的草绳等制成索来造桥，于是索桥在一次次实践与改造中诞生了。

宋代大诗人陆游曾经为索桥写下过这样生动的诗句：“翩翩翻翻笮受风，行人疾走缘虚空。”（《度笮》）笮，就是由竹篾编成的绳索，这里引申为竹索桥，在江河纵横、悬崖绝壁众多的巴蜀尤为常见。陆游这首诗就写于四川江原，“翩翩翻翻”四个字形象地呈现了悬在高空的索桥在风雨中猛烈翻飞的画面感：一座索桥连接着两岸，桥下浪花汹涌，桥身空无所依，在风雨中翩翻狂舞，过桥的行人吓得双手汗湿、面如菜色，生怕一不小心就会跌入水中，裹进蛟龙的唾液之中，只得匆匆忙忙疾走而过……

浮桥是利用船体或者其他浮体来支撑整个桥面、漂浮于水面上的桥。周文王为了迎娶自己的妻子，“造舟为梁”，在渭水上用很多艘船拼接成了一座长长的浮桥，才实现了他“亲迎于渭”的浪漫理想。唐代诗人刘禹锡的“朱雀桥边野草花，乌衣巷口夕阳斜。旧时王谢堂前燕，飞入寻常百姓家”（《乌衣巷》）中提到的朱雀桥也是一座浮桥——朱雀桥就是用“造舟为梁”的办法，将船连接起来，在秦淮河上建起了一座“长九十步，广六丈”的浮桥。朱雀桥既是古都金陵（今南京）的“护城卫士”，也是繁华竞逐的六朝风流的见证者。

梁桥是最古老的桥梁结构形式之一。梁桥是以受弯为主的梁作为主要承重结构的桥梁。从外形上看，梁桥很像我们平时坐的长板凳，受力部分的梁是平的，板凳腿相当于墩台。梁桥的两端各有一个坚固的台子，与路基相连，也就是桥台。当河面比较宽阔，一跨无法跨越的时候，便会在河中修建一些墩子，这就是桥墩。

汉代的时候，拱桥、索桥、浮桥和梁桥四大类型的桥梁都已经存在，其中又以梁桥最为成熟和多见。“有狐绥绥，在彼淇梁”中的“梁”，既可以理解为泛指的桥梁，也可以理解为四种主要桥梁形态之一的梁桥，这也很可能是当时最常见的桥梁形态。

在《庄子》当中，也记载着一个令人动容的有关梁桥的故事。春秋时期，有个叫作尾生的男子，他和相恋的女子约定在一座桥下相会，可是到了约定的时间，却始终不见女子前来赴约。痴情的尾生最终没能等来深爱的恋人，却等来了一场无情的潮水。潮水越涨越高，尾生执拗地抱着桥柱不肯松手，直到潮水最终没过他的头顶……（《庄子·盗跖》：“尾生与女子期于梁下，女子不来，水至不去，抱梁柱而死。”）

尾生紧紧抱住的那根桥柱，很可能就是木柱木梁桥的桥柱。梁与柱通过榫卯连接起来，就成为木柱木梁桥，一般修建于水较浅且水流较缓的河流上。有学者推测，尾生等待恋人的这座桥，很可能是一座桩柱式两跨以上的梁桥。

也许是因为这个故事过于悲情，尤其是尾生的结局令人情不自禁想要追问：那个女子为何不信守承诺，竟然让尾生为她付出生命的代价？

《庄子》没有回答，但后人却不断地用各种艺术表现形式为这个悲剧故事续写着答案：或许是因为那个女子被家人监视没有找到机会逃出来，而等她终于排除万难赶到桥下的时候已经太迟了，于是女子亦投水殉情而死（如淮剧《蓝桥会》等）。

所谓一诺千金，就是像尾生这样吧！战国时期的纵横家苏秦曾经说过：“信如尾生，期而不来，抱梁柱而死。”（《战国策·燕策一》）后人也常用成语“尾生抱柱”来比喻对承诺的坚守。李白就写过“常存抱柱信”（《长干行二首》）的诗句。只不过在李白的笔下，“抱柱”的主角成了留守家中的妻子，以此表白她对远行丈夫至死不渝的爱情。

看来，梁桥似乎注定要与爱情中的等待产生千丝万缕的联系。

除了梁桥这个核心意象之外，《卫风·有狐》中最亮眼的主角竟然是一只狐，这也就让我们不禁浮想联翩。为什么狐要在梁桥上独行呢？为什么女子看到梁桥上的狐，就会联想到自己远行的丈夫呢？狐和桥分别隐喻着怎样的情感呢？

桥的象征意义似乎比较好理解。桥本来就具有爱情的隐喻。河流是客观存在的自然地理形态，河流的阻隔与桥梁的沟通作用恰恰形成了一组相对的情感类型：“隔河情结”与“河桥情结”。在交通不便的古代，一河之隔就可以阻绝相爱的两个人而留下终生遗恨，有学者认为“隔河情结”是原始思维中氏族内部不得通婚的原始制度的产物。[1]既然桥梁意味着爱情的阻断，河上架桥则当然意味着爱情的圆满，或者至少是暗含着对爱情圆满的希望。中国古代民间传说中很多爱情故事都跟桥梁有关：牛郎织女的“忍顾鹊桥归路”、梁山伯与祝英台的长桥“十八相送”、许仙与白娘子的断桥相会等，都在讲述着桥和爱情之间的联系。

①参见夏维波、杨宇：《中国文学中河桥意象与性爱主题的文化阐释》，《东北师大学报（哲学社会科学版）》1999年第4期。

不仅在中国是如此，在世界其他民族的文艺作品中也常有“隔河情结”与“河桥情结”的呈现。著名的美国电影《廊桥遗梦》中男主角罗伯特对女主角弗朗西斯卡说的第一句话就是：“我找一座桥。”法国著名诗人阿波利奈尔（Guillaume Apollinaire）曾经为塞纳河上的米拉波桥（Pont Mirabeau）写下不朽的经典诗歌《米拉波桥》，以铭记他与画家玛丽的爱情：“米拉波桥下流淌着塞纳河 / 我们的爱 / 还值得追忆吗 / 欢乐总是在痛苦之后到来 / 夜晚来临钟声敲响 / 日子离去我却留下 / 手握着手我们面对面坐着 / 在手臂的 / 拱桥下流逝着 / 永恒的目光那慵倦的水波……”

隔着河，是相爱却不能相聚的遗憾；河上的桥，便让人拥有了爱的希望。而希望足够强烈的时候，就会成为一生的执念。

所以，在《卫风·有狐》这首诗中，女子第一眼看到的，便是那只在桥上缓缓独行的狐。因为在她心里，那座桥，连接的是爱，是希望，是执念。

那么，接下来的问题就变得有意思了！为什么女子一眼看到的是一只在桥上绥绥而行的狐，而不是一只兔、一只猫、一只狗、一头猪、一匹马、一头牛或者别的动物呢？

也许有人会产生奇妙的联想：因为狐最容易修炼成人形，并且跟人发生一段旖旎浪漫的爱情吧！

这种联想或许是受到了蒲松龄《聊斋志异》中那些经典而又深入人心的“狐妖传说”的影响。例如《聊斋志异》中的经典篇目《青凤》就讲述了一段关于狐的故事。狂生耿去病对聪慧美丽的少女青凤一见钟情，然而青凤成长于一个家教甚严的家庭，抚养她长大的叔父颇有儒者之风，对耿生与青凤的恋情严加阻拦，并举家远迁。一年多后，耿生巧遇两只小狐被猎狗追赶，其中一只小狐看到他后就径直跑到大路上来，向着他“依依哀啼”。小狐那惶恐柔弱的样子让耿去病心生恻隐，他抱起小狐藏在怀中带回了家。回家以后，小狐变回人形，耿生惊讶地发现她竟然就是自己朝思暮想一刻都不曾忘记过的青凤！耿生素来以狂放不羁闻名，并不介意人狐异类，而青凤的家人以为她已死，遂不再寻找，于是青凤与耿生从此甜蜜恩爱地生活在了一起。

又过了两年多，耿生从朋友手中救下了一只受伤被猎的黑狐狸。

原来这只黑狐狸就是当初阻挠两人恋情的青凤的叔父。叔父对耿生既心怀感激又心存歉疚，青凤于是请求耿生同意叔父和他们生活在一起，让她能够报答叔父的养育之恩以尽孝心。耿生爽快地答应了。从此，两家人其乐融融地生活在一起，再也没有任何芥蒂。

是不是在每个寒窗苦读的书生的梦里，都藏着一只像青凤这样的“狐”呢？她既温柔贤淑又妩媚妖娆，既善解人意又坚如金石，既楚楚可怜又聪慧机智。在他穷困潦倒孤军奋战的时候，她会不离不弃陪在他身边为他缝衣浆裳，为他洗手作羹汤；在他金榜题名春风得意的时候，她会悄然转身在灯火阑珊处默默为他祝福，守护他的一生顺遂……

或许正是因为《聊斋志异》在中国志怪小说中的影响力太大，以至于很多人都形成了一种刻板印象——似乎狐这种动物就该是青凤这样集美貌、才智与善良于一身的女子。我们甚至差点忘了，当时光回溯到两三千年前，其实在古代诗人的笔下，“狐”往往是男性的隐喻，正如《卫风·有狐》。

在先秦典籍中，以狐象征男性绝非偶然。

《诗经》中除《卫风·有狐》外，还有如《齐风·南山》中的“雄狐绥绥”，就直言那是一只独自从容缓行的雄狐。闻一多说“凡此言狐皆以喻男”[①]，并且引《左传·僖公十五年》云“夫狐蛊必其君也”，证明先秦典籍中的狐大多隐喻男性，而不是像后来《聊斋志异》中的狐狸大多修炼成女妖。

①闻一多：《诗经编下·诗经通义乙》，载《闻一多全集》第4卷，湖北人民出版社，1993，第172页。

正因为这样的共识，《卫风·有狐》这首诗中的女子看到走过淇水深处桥梁上的狐，才会情不自禁以此来引出对丈夫的思念之情。

但是，请不要忘了，诗中女子的思念与牵挂的焦点最终落在了“之子无服”，也就是担心远行的丈夫衣裳单薄遭受严寒的侵袭。那么，狐的从容行走和“之子无服”之间一定还有着一些特别的关联吧？

的确。狐在人们心目中除了隐喻男子之外，还有一个我们不能忽视的特殊之处：狐的皮毛抗寒性能特别好。狐皮裘在任何时代都是名贵的过冬御寒的衣物首选。孔子就曾经以穿狐皮大衣的人（“衣狐貉者”）代指那些富贵者，而以穿破麻布袍子的人(“衣弊缊袍”)代指穷人(《论语·子罕》)。

《史记·孟尝君列传》也记载了一个关于狐皮大衣的故事。战国时期，秦国实施连横策略，与齐国结盟，秦昭襄王派自己的同母弟弟泾阳君到齐国做人质，并请求与齐国交换人质，请孟尝君入秦为相，意图加强秦齐联盟，破坏楚国的联齐策略。

孟尝君到秦国后，秦王立即任命孟尝君为秦国宰相。有人劝秦王说："孟尝君久负贤名，又是齐国的王族子弟，如果让他当秦相，他首先考虑的一定是齐国的利益，这样恐怕会置秦国于危险的境地。"秦王觉得这话有道理，便收回成命，囚禁了孟尝君，还打算杀掉他以除后患。危急之际，孟尝君派人求见了秦王最宠爱的妃子，请求她施以援手。秦王宠姬答复说："妾只想得到孟尝君那件白色的狐皮裘啊。"

孟尝君确实有一件狐白裘，价值千金，举世无双，可是到秦国后，他已经将狐白裘作为见面礼献给了秦王，再没有第二件狐白裘了。孟尝君很是发愁，问遍了他的门客，都无计可施。这时一个善于偷盗、地位低下的门客站出来说："臣能将狐白裘再偷出来。"于是这个门客在一个月黑风高的深夜假扮成狗，钻狗洞潜入秦国宫廷，偷回了狐白裘。孟尝君便把狐白裘又献给了秦王宠姬。宠姬很高兴，果真向秦王求情，秦王于是释放了孟尝君。

孟尝君马不停蹄地逃出秦国后，秦昭襄王很快就后悔放走了孟尝君，便派人追赶。孟尝君逃到秦国边境函谷关的时候正是半夜，按秦国法律，要等鸡鸣的时候才能放来往行人出关。孟尝君担心追兵赶到，不敢久等。正好在他随从的门客中，有一个地位低下的人善于学鸡叫，这人扯着喉咙一叫，附近的鸡都放声齐鸣，守关人便打开城门让孟尝君一行人通过。果然，孟尝君出关以后不到一顿饭的工夫，秦王派来的人也追到了函谷关，只可惜孟尝君早已逃得不见踪影了。这便是“鸡鸣狗盗”这个成语的来历了。

这些历史典故无一例外地说明了，在先秦时代，“狐”不仅仅喻指男性，而且与狐这种动物密切相关的狐皮大衣也是富贵权势的代名词。《卫风·有狐》中的女子看到冰雪天中依然从容独行的狐就会联想到缺衣少食的丈夫，正是和狐的这种特性有关。

○［明］文徵明《关山积雪图》（局部）

或许，在诗中，那只狐之所以可以不畏严冬的风雪绥绥而行，就是因为厚实的皮毛为它抵御了严寒。

又或许，那只绥绥而行的狐其实是含蓄地象征着那些裹着狐皮大衣的富人们，他们可以在寒冬腊月里依然从容地在淇水的桥梁、河滩上散步。此时的淇水已经冰封，但那刺骨的寒冷丝毫不影响他们的悠闲。而目睹这一场景的女子，却不由得辛酸地想到了自家的处境：穷困潦倒的人啊，又能拿什么来给漂泊在外的丈夫缝制一件像狐皮裘那样又轻薄又保暖的冬衣呢？我心心念念的那个人啊，他什么时候也能像他们一样，悠闲自在地在淇水的桥梁上散散步、欣赏冬日的雪景呢？

让我们再回到诗中的画面，那条淇水，那座横跨淇水之上的梁桥，也许是她和“之子”曾经热恋的地方，是他们每次约会的“老地方”，是留下他们无数次往返足迹的必经之路。然而，也正是那座桥，见证了他们的离别——她将丈夫一路送到这座桥的桥头，她目送着他踽踽独行的背影走上桥、走过桥、走到桥的对岸，他的身影越来越小，直到慢慢消失在目光的尽头。他没有回头，也不敢回头，因为他怕一回头，就再也不能义无反顾地远行。

离别的那天，或许是一个杨柳依依的春日，他穿着她亲手做的春服，一针一线里缝进了她所有的牵挂。而他留在她脑海中的最后一个画面，是他在桥上的背影，和淇水里的倒影。微风拂过，他的衣带轻轻飞扬，和纷飞的柳絮一起，构成了那个春日里最凄美的图景。

自从那天一别，她或许每日都会来桥边等待，等过飞絮蒙蒙的春天，等过荷花盛开的夏天，等过落木萧萧的秋天，等到了冰雪覆盖的冬天……她从未丧失希望，她心甘情愿地等待。但在这个万籁俱寂的严冬，一只绥绥独行的狐，终于突破了她所有的心理防线，她所有伪装的坚强瞬间崩溃。

在这一刻，她多么希望眼睛欺骗了她，她多么希望从那座桥上向她走来的，不是一只偶然经过的狐，而是日思夜想的他！

分离，是日常；相思，是一场醒不来的梦；再聚，则是漫长而希望逐渐渺茫的等待。

《卫风·有狐》或许只是一个相思中的女子偶然发出的咏叹，但诗中的桥和“心之忧矣”的故事，却可能是那个时代千千万万个“她”和“他”之间的故事，是她们和他们之间必须面对的命运。为什么这么说呢？我们不妨来看看这首诗产生的历史背景。

《卫风·有狐》描写的图景应该发生在卫国。《诗经》十五国风中的邶风、鄘风和卫风收录的都是卫国的歌谣，而“卫”原本是殷商的首都牧野。周武王灭掉殷商之后，占领了朝歌的一部分，三分其地，朝歌以北是邶，东边是鄘，南边则是卫。卫国的都城朝歌即今河南省淇县，因其在淇水之滨，所以历史上这里曾被称为临淇，因而卫风中常常出现“淇水”，这正是卫国都城的地标。[1]

汉代以来的学者，多认为《卫风·有狐》描述的离别，可能发生在卫国最纷乱的时期——卫懿公执政的时期。

卫懿公是一位昏君，在位期间奢侈无度。他尤其喜欢养鹤，对鹤的宠爱远远超过了卫国的子民，他甚至按照鹤的不同种类、品质给鹤赐封不同的爵位或官阶，并提供相应的丰厚俸禄。他出游的时候，这些鹤也按照不同品级乘坐在高大华丽的车子中，前呼后拥，十分壮观。为了迎合卫懿公的喜好，大小官员便下令让老百姓四处捕鹤以献给国君。鹤越来越多，只好从百姓身上搜刮大量钱财，不断扩建宫苑以供养这些“高官厚禄”的鹤，闹得民不聊生，卫国百姓怨声载道。

趁着卫懿公荒淫奢侈、与百姓离心离德之时，北方的狄人挥师入侵，卫国只得被迫迎战。可是分发兵器的时候，战士们都说：“为什么不让国君的那些鹤去打仗呢？养兵千日用兵一时，那些鹤享受着那么高的待遇，国君对我们这些人却从来不闻不问。我们哪有什么资格打仗呢！还是让那些鹤去吧！”

① 参见程俊英、蒋见元：《诗经注析》上册，中华书局，1991，第59页。

卫懿公如此大失人心，军队没有丝毫士气和战斗力，在强悍的狄人面前，卫国兵败如山倒，老百姓四处逃难，妻离子散，亲人之间音信隔绝，卫国陷入一片混乱，卫懿公自己也死于了敌人的乱刀之下。

《卫风·有狐》中的那对夫妻，大概率就生活在卫懿公时代。曾经安宁的生活一去不复返，相依相偎的甜蜜早已成了久远的朦胧记忆，被生生分离的夫妻等不到对方的一点消息，但女子的牵挂、担忧与执念却从未有过一丝丝消减。

她在桥上等他，会一直等他到老。

她不敢离开，因为她害怕他回来之后，再也找不到她。

桥梁，原本就是坚守、坚信的象征。

桥在，希望就还在。

“有狐绥绥，在彼淇梁。心之忧矣，之子无裳。”

无论是与恋人“期于梁下”最终“抱梁柱而死”的尾生，还是那个长吟着“有狐绥绥，在彼淇梁”苦苦思念远行丈夫的妻子，他们之所以心甘情愿长久、孤独地等待，之所以虽“心之忧矣”却从不犹疑，甚至至死不悔，是因为他们始终相信：只要那座桥还在，他们心中的诺言就值得坚守，他们的爱就有方向，他们等待的那个人终有一日会排除万难向着他们约定的那座桥飞奔而来。

流水不居，岁月飞逝，唯有桥梁一直伫立在原地，诉说着爱情，坚固着信念，支撑着希望！

诗经·卫风·有狐

有狐绥绥，在彼淇梁。心之忧矣，之子无裳。

有狐绥绥，在彼淇厉。心之忧矣，之子无带。

有狐绥绥，在彼淇侧。心之忧矣，之子无服。

第三集

濠梁同见招

——有一种友谊叫作庄子与惠子走过的桥

桥，在中国古典诗词中，可以代表家国，也可以象征爱情，可以传递友谊，也可以展现智慧。而在最早进入文献记载的桥梁中，最能够代表深挚的友情，同时还能展现古人智慧的桥，当属濠梁。

那么，濠梁究竟是一座怎样的桥呢？我们不妨先从杜甫的一首诗走上这座神秘的桥。

大约在天宝十一、二载（752、753）间，屡试不第的杜甫正客居长安，过了近十年“卖药都市，寄食友朋”的困顿日子，然而也正是在长安，他结交了不少诗坛好友。杜甫的朋友中不乏闪闪发光的诗坛巨星，例如李白、高适、岑参、储光羲等。但同时，他的朋友中还有一些也许算不上赫赫有名却与他有着特殊缘分并催生了不朽名篇的人，比如说郑虔。杜甫有一组诗题为《陪郑广

○［清］梅清《溪山闲适图》（局部），上海博物馆藏

文游何将军山林十首》，其中第一首是这样写的：

不识南塘路，今知第五桥。名园依绿水，野竹上青霄。
谷口旧相得，濠梁同见招。平生为幽兴，未惜马蹄遥。

诗题中提到的郑广文就是郑虔，他是杜甫客居长安时结交的好友之一。所以，理解这首诗的关键是要把握一个人和两座桥。人，当然就是指郑虔，两座桥则是指一座实景的桥——“今知第五桥”的第五桥，一座虚写的历史中的桥——“濠梁同见招”的濠梁。

既然促使杜甫写下这首诗的灵魂人物是郑虔，那么我们还是先从郑虔开始说起吧！

郑虔虽然比不上李白的诗名大，也比不上高适的官职高，但可不是庸碌之辈。他是唐代著名的文学家、书法家和画家，堪称全能型才子。他不仅和李白、杜甫等大诗人都有交集，而且还得到唐玄宗的赏识。唐玄宗曾经称誉他的诗、书、画为“郑虔三绝”。

唐玄宗因欣赏郑虔的才华，想把他安置在身边，不管理任何具体事务，于是专门为他新设了一个机构取名为广文馆，并任命他为广文馆博士。郑虔接到诏命之后一头雾水：“这广文馆在哪儿？是个啥机构？主管什么的呀？怎么从来没听说过朝廷还有这么一个‘单位’呀？”他带着满腹狐疑去询问宰相。宰相语重心长地点拨他说：“皇上要扩充国学，特意设置了广文馆，用来安置贤德又有才华的人，让后代都传颂广文馆博士自你开始，这岂不是一段佳话嘛！”郑虔听了，这才放心去赴任，成了历史上第一个广文馆博士。从此郑虔也就有了“郑广文”之称。

《陪郑广文游何将军山林十首·其一》大约就写在郑虔任广文馆博士之后的两三年中。令人惊叹的是，杜甫陪郑虔游一处名胜——何将军山林，就一连写了十首诗，可见二人同游相谈甚欢，甚至激发了杜甫的创作灵感，每一次出游的经历都值得杜甫大书特书一番，这样便陆续写了十首诗。其中的第一首可以说是这十首诗的一个总纲。

有“诗圣”美誉的杜甫，在世人心目中的“人设”从来都是一个忧国忧民的儒生，然而在这首《陪郑广文游何将军山林十首·其一》中，他却少见地流露出了对庄子的向往。激发他内心这种潜藏心绪的直接因素有两个，核心因素当然是一个人——郑虔，而另外一个重要的外在因素竟然是一座桥——也就是诗中提到的第五桥。

正是这座“第五桥”，连接起了唐朝的儒家诗圣杜甫与战国时期的道家之宗庄子，让他们成为跨越千年的异代知音。

第五桥位于“何将军山林”中，今天已经很难找到这处园林的遗迹了，但综合多位唐代诗人的描述，园林的位置应该在长安城南韦曲（今陕西省西安市长安区内，曾是唐代著名宰相韦安石别业）的西边，临近沈家桥。

所谓“第五桥”，也即永安渠桥之一。永安渠开通于隋文帝开皇三年（583），起自香积寺南边的香积堰，向西首先流经赤栏桥，然后从此处向北流，经过北雷村南边再转向东北流，流经位于西五桥村东边的第五桥。

○［隋］展子虔《游春图》（局部），故宫博物院藏

“第五”其实也是唐代的著名姓氏，例如唐代有位宰相就叫作第五琦，因其锐意改革、政绩突出，被唐肃宗拜为宰相。所以，第五桥其实是以复姓“第五”来命名的。只不过传到今天，五桥村已经没有姓“第五”的人家了。（《游城南记校注》）

《陪郑广文游何将军山林十首·其一》前四句写的是杜甫陪郑虔同游何将军的园林，叙述园林地理位置以及园林里的幽静风景。在此次同游之前，久居长安的杜甫显然还不知道长安城里有一个如此美妙的所在：“不识南塘路，今知第五桥。”以前他从来没到过南塘，更不知这里还有一座不同寻常的第五桥。他之所以能够来何将军山林游玩，有可能就是因为认识了郑虔这个熟悉长安的“地陪”。当他们途经南塘，来到第五桥，桥边就是颇有声名的何将军山林，园中绿水环绕，水声潺湲，茂林修竹，直入云霄：“名园依绿水，野竹上青霄。”

石桥静立，泉水静流，竹径通幽，这样秀美而幽静的园林，岂不令人顿生出尘之想？

于是，诗的后四句转入对诗人与郑虔友情的叙写：“谷口旧相得，濠梁同见招。平生为幽兴，未惜马蹄遥。”显然，在杜甫眼中，在这样远离尘俗的幽深园林之内，能够表达友谊最高境界的依然是一座桥。这座桥，已经不是眼前实实在在的第五桥，而是一千多年前出现在庄子生命中的一座桥——濠梁，位于濠水上的那座桥梁。

没有人知道濠水上那座桥的具体名字是什么，甚至没有人知道它是否有过名字，但就因为庄子曾经在桥上有过一番奇遇，从此之后那座桥就拥有了一个在历史上堪称煊赫的名字——濠梁。濠水是淮河的一条支流，在淮南钟离郡，即今安徽省凤阳县境内，庄子的陵墓也在这里。

《庄子·秋水》中讲述了这样一个和濠梁有关的寓言故事：

庄子与惠子一同在濠梁散步，两个人走走停停，边走边聊。庄子看着桥下濠水里游来游去的鱼，情不自禁感叹了一句："你看水里的儵（tiáo）鱼游来游去，多么从容自在，这是鱼的快乐呀。"

惠子不假思索地反问道："你又不是鱼，哪里能知道鱼的快乐呢？"（"子非鱼，安知鱼之乐？"）

言外之意是，你也未免太主观臆断了吧！

庄子却轻松对答："你又不是我，哪里知道我不能知道鱼的快乐？"（"子非我，安知我不知鱼之乐？"）

惠子紧追不舍："我不是你，固然不能知道你的想法；你原本也不是鱼，你也不能知道鱼的想法。这样就完整准确了。"（"我非子，固不知子矣；子固非鱼也，子之不知鱼之乐，全矣。"）

言外之意：老庄啊，这回你就乖乖认输吧！

庄子又岂是肯服输的人，他再度反击："请追溯你最初问我的话。你说的'你哪里能知道鱼的快乐'这句话，证明你已经知道了我是知道鱼的快乐才来问我的，那我告诉你，我是在濠水的桥上知道的。"（"我知之濠上也。"）

这个故事就是思想史上著名的"濠梁之辩"——在濠水桥梁上的一场哲学辩论。

的确，这场表面看上去是逻辑之争的"濠梁之辩"，实质上是以庄子为代表的道家，和以惠子为代表的名家的世界观之争。在惠子看来，"我"和"鱼"是两种截然不同的生物，所以"我"和"鱼"的思想是不能相通的。

可是，在庄子眼里，万物一体相通，“我”和“鱼”虽然形体有异却彼此心意相通，形形色色的天下万物最终都归于“气”，通于“道”。

如果把这场“濠梁之辩”放到庄子的整体思想中去理解，我们会发现，这场辩论所传递的哲思其实和庄子万物一体相通的世界观是吻合的，这一“齐物”的世界观在《庄子》这部思想著作中基本上也是一以贯之的。《庄子》中还有一个很著名的故事，也旨在展现庄子“齐物”的观点——庄周梦蝶。有一次庄子做了一个梦，梦见自己变成了一只蝴蝶，在空中轻松愉悦畅快淋漓地飞舞着，早已忘了自己的原身是庄周。梦醒之后，他才发现自己还是那个庄周。他一时间有点犯糊涂了：到底是庄周梦见自己化作了蝴蝶，还是蝴蝶梦见自己变成了庄周呢?

庄子与蝴蝶的相通，正如同“我”和“鱼”的相通，这是庄子坚持的一种“道”。

除了在世界观上的分歧，庄子和惠子在人生观上也是大相径庭。惠子和庄子都是各自学派——名家与道家最顶尖的哲学家和领军人物，除此之外，他们还各自有着其他不同的身份：惠子是著名的政治家，在动荡的战国时期创下了令人瞩目的政绩；庄子是自由自在的文学家，不愿意受世俗的束缚，追求精神的绝对自由。

《庄子·秋水》中就记载了这样一个故事，反映的正是惠子与庄子在人生选择上的背道而驰。

惠子曾在魏国为相，有一次，庄子打算前去魏国看望他。有人听说大名鼎鼎的庄子要来魏国，就跑到惠子面前去进谗言：“庄子要来魏国，那肯定是来取代您的相位的。您可得提防着他呀！”惠子一听，竟然真的有点害怕了，于是派人在魏国都城中搜了三天三夜，只为找到庄子。其实，哪里用得着他搜，庄子主动现身去见了惠子，并且还说了一大段让惠子羞愧不已的话：“南方有一种鸟儿名叫鹓鸰，你没听说过吧？我跟你说，这种鸟儿呀，从南海出发飞到北海的上空，累了只肯在梧桐树上栖息，饿了只吃竹子开花后结的果实，渴了只喝甘甜纯净的泉水。而鹞鹰呢，好不容易找到了一只腐烂的死老鼠，正扬扬得意准备津津有味地饱餐一顿呢，一抬头看见鹓鸰飞过，顿时又惊又怒地痛斥了一声‘吓’。如今，你也是要用你魏国的相位来恐吓我吗？”

庄子把自己比喻成那只翱翔在大海上空、自由而高贵的鹓鸰，而把惠子比喻成抓住一只死老鼠就如获至宝的鹞鹰。

庄子的言外之意再明显不过：魏国的相位，对惠子你来说就像无上的美味，对我庄子来说，那不过就是一只腐臭的死老鼠而已。

当然，在这个故事里，庄子并不是真的要“骂”惠子，他只是借此表达自己的人生志向，表示与惠子的人生观的“决裂”。

庄子的确是将这样追求自由的志趣落实到了他现实的人生选择上。据说，庄子在濮水垂钓的时候，楚王曾经派两位大夫专程去礼聘庄子到楚国为相，庄子手持钓竿头也不回慢悠悠地说：“我听说楚国有一只神龟，已经死了三千年了，楚王用锦帕把它包裹起来，放在竹箱里，珍藏供奉在庙堂之上。你说说看，这只神龟，是愿意死掉留下骸骨让人无比尊贵地供奉着，还是宁可在烂泥潭中拖着尾巴活着呢？”两位大夫答道：“那当然是宁可拖着尾巴在泥潭中活着。”庄子说：“那就对了！你们可以回去了。我也宁可做那只拖着尾巴在泥潭中活着的龟。”

在这个故事里，庄子的志向表达得更为彻底：宁可以最自然最本真最自在的方式活着，也不愿意去追求权势富贵。

在庄子心中，自然本真的生命形式就是最有尊严最自由的生命状态，这是他和惠子在人生观上的本质区别。

然而，尽管庄子和惠子无论是在世界观还是在人生观上都有巨大的差异，甚至只要两人一见面，就几乎必然要爆发一场看不见硝烟的舌战，思想史上也因此留下了不少两人辩论的思想火花；但是，他们仍是当世堪称棋逢对手的良朋挚友。这就像顶级高手之间的对决，一个是“不败”，另一个是“求败”，彼此是对方唯一的对手。从这个意义上说，彼此又是对方唯一的朋友。因为，如果失去了对手，他们也就成了世界上最孤独的那个人。

有一种朋友，可称诤友，当代也调侃似的称这类朋友为“损友”，也就是那种可以彼此直言批评、劝谏的朋友。“损友”的本意是指对自己有害的朋友，然而在当代网络语境下，“损友”变成了喜欢互相调侃以增加交流趣味的朋友，其实也可以说是“杠友”，或者说是“辩友”。这样的朋友显然是彼此十分了解、关系十分亲密而且思想与才华都在同一水准之上的，互相“损”对方，不仅不会损害友谊，反而会让朋友之间的交往充满了乐趣，时时都有新鲜感，甚至常常能激发彼此思想的活力和创造力，为友谊添加滋味丰富的调味料。

庄子和惠子就正是这样的朋友：可以有不同的人生选择，可以有不同的信仰理念，可以有不同的兴趣爱好，但依然彼此懂得、彼此欣赏、彼此珍惜。

别看庄子和惠子一见面就要“掐架”，如果他们俩不见面，两个人反而都会陷入极度的孤独中，产生一种“高处不胜寒”的寂寞感。惠子去世以后，庄子曾经充满深情地回忆起他和惠子的这份友谊。有一次，庄子经过惠子的墓地，他停下脚步，沉默良久，回头对跟随的人说了这样一个故事：“以前楚国郢都有个人用白泥在自己的鼻尖上涂了一个小白点，就像苍蝇的翅膀那样薄薄的一层，然后让一个名叫石的匠人用斧头削掉这一个小白点。匠人呼呼地挥舞着斧头，速度快得像一阵风一样，看上去似乎漫不经心，然而随后众人定睛一看，鼻尖上的那个小白点已经被削得干干净净，而郢人不仅分毫不伤，而且还面不改色镇定如初。宋元君听说了这件事，就派人把匠石召过去，对他说：‘你试试为寡人也表演一下吧。’匠石回答：‘我的确能削掉粘在鼻尖上的小白点，尽管如此，但能配合臣表演的那个搭档已经死了很久了。’”

讲完这个“郢人运斤”的故事之后，庄子感慨万分地说：“自从惠先生去世之后，这个世界上，再也没有可以和我辩论的人啦！”

天下纷纭，人群熙攘，可是在庄子的心目中，可以毫不留情地“怼”他、可以随时机智地“损”他，却又是唯一能够懂他、唯一能够让他辩得过瘾、“怼”得畅快淋漓的，就只有惠子一人。

高手过招，既全力相搏绝不退让，又惺惺相惜互为知己，说的就是庄子和惠子这样的友谊吧。

当他俩从容地一起漫步在濠梁之上，当庄子说了那句：“我是在濠水的桥上知道的。”想必他所“知道的”，应该不仅仅是哲学的智慧，同时还有友谊的珍贵吧！

惠子选择了魏国为相，去搏击战国的政治风云；庄子选择了“曳尾泥中”，回归自然的自由生活。然而，“道不同”却依然可以求同存异，君子和而不同，他们终于成了在那个纷乱世界中仍能坦诚相见的朋友。

庄子和惠子，一起走过濠水上的那座桥，共同创造了青史留名的“濠梁之辩”，不仅呈现了截然不同的世界观，也为后人开启了多种不同人生选择的方向。“濠梁之辩”也延伸出两种内涵：其一是世界观的区别，即像惠子那样强调万物的差别，还是像庄子那样强调万物的齐一；其二隐含着道家的人生观——归隐山林，与自然合而为一，回归最原始最本真的状态，由此人和鱼一样，都能享受到最简单的快乐。于是这个故事又延伸出了“濠梁之乐”的人生境界或“濠梁之想”的人生追求。后人在引用这一典故时，往往借此来表达超脱于尘世之外、回归山水自然、顺应自然天性的隐士之乐。

想想看，那将是一个怎样洒脱逍遥的境界呢？人的心灵与宇宙万物毫无隔阂浑然一体，“我”既是我，也是蝴蝶，是游鱼，是森林中的一棵参天大树，是路边悄然开放的一朵小花，是宇宙间一切可能的生命体。形体的差异原本可以作为自然界的一种界限，但在庄子心里，这不再是人与物、物与物之间的隔阂，形态的差异并没有将万物隔绝开来，人的精神也可以与万物相通，借此达到逍遥于自然的精神自由。

濠水上那座原本默默无闻的桥，竟然因为庄子与惠子这样两个朋友曾经携手走过，一跃而成为中国思想史上最具哲学智慧、最具人文情怀的一座桥。

古代文人多少都在某种程度上视“濠梁之想”为人生的最高理想，视“濠梁之乐”为人生至乐，视“濠梁之辩”为友谊的最佳境界。

让我们再回到杜甫的《陪郑广文游何将军山林十首》中来。显然，杜甫是将自己和郑虔的友情比作了庄子和惠子的友谊。“谷口旧相得，濠梁同见招。”“谷口”借指西汉汉成帝时名士郑朴（字子真）。郑朴是谷口人，他耕于岩石之下，名震京师，曾拒绝了朝廷的礼聘，以隐士终。“谷口旧相得”和“濠梁同见招”这两句实际上都是在说，当杜甫和郑虔在如此深幽静美的园林中漫游的时候，他也油然而生一种“濠梁之想”，渴望效仿战国时期的庄子和西汉时期的郑朴，远离世俗纷争，与好友一起逍遥于山水自然之间。

“平生为幽兴，未惜马蹄遥。”诗的最后两句进一步表达了诗人对优游于山林之间的幽情雅兴的向往，地方远一点偏僻一点又有什么关系呢？

从庄子与惠子同行的“濠梁”，到杜甫与郑虔同行的“第五桥”，不同的桥，不同的时代，不同的人，连接的却是相同的情谊，相通的智慧：你是这个世界上最懂我的那个人，也是我在这个世界上最厉害的对手！

因为“濠梁之想”而与庄子成为异代知音的绝非杜甫一人，甚至可以说，那是中国文人心灵深处的一块净土。李白的“临濠得天和”（《书情赠蔡舍人雄》）、王安石的“远同鱼乐思濠上”（《次韵吴季野再见寄》）表达的都是那种向往隐逸山林、追求精神自由的人生境界，也都呈现出与友人相知相许却又求同存异的真挚情感。

在历代众多表达“濠梁之想”的诗句中，苏轼的“子今知我我知鱼”（《濠州七绝·观鱼台》）可以说是同时呈现了“濠梁之辩”的哲学智慧与知己深情：你知我，是人与人之间两心相知的友谊；我知鱼，是人与自然之间彼此相通的和谐。

“我知之濠上也”！世界上还有没有一座桥，可以像“濠梁”这样，兼具了最玄妙的哲思之辩和最深挚的知己之情呢？那座实体的濠梁或许早已消失在濠水之上，但那座心灵的“濠梁”却一直架在中国文化的基因之中——那是与宇宙万物自然天性的血脉相通，那是人类精神自由的永恒追求，那是知音相许高山流水的朋友深情。

相信万物之间总有一座无形的“桥”将我们彼此联通。

当我们走过濠水上的那座桥，你知道了我，我知道了鱼。

是那座桥，消泯了我和你之间的距离；也是那座桥，消泯了我们和自然之间的距离。

世间万物，还有什么比心意相通更值得珍惜呢！

第四集

水深桥梁绝

——父亲伫立成一座桥的模样

桥，在现实的生活中，最主要的功能是连接，是跨越障碍，联通此岸与彼岸。

桥，在精神的世界中，最主要的功能是治愈，治愈因为现实障碍或者情感断裂造成的心灵伤害。

从这个意义上说，最让人恐惧的或许并不是受到伤害，而是被伤害后找不到治愈的方法。

所以，每个人其实都试图在心灵深处给自己搭一座桥，让桥的连接治愈我们在人世间的伤痛。

有一种外科手术俗称“心脏搭桥”：架一根血管“桥”绕过阻塞的血管，让血液通过新搭的“桥梁”完成正常循环，保证心脏有足够的血液供应，而让生命延续。

从某种意义上说，心脏是血液的“家”，“搭桥”的方式让血液重新找到“回家”的路，继而获得再次出发“远行”的力量。家，不仅是等待归来的守望，还是支撑远行的动力！其实，人世间也有一种“堵塞”造成的伤痛，需要搭一座心灵的桥来治愈，连接你想回却又回不去的远方的家。

这个关于回家和桥的故事，发生在曹操和他的继承者曹丕身上。

一代枭雄曹操，一生南征北战，在群雄逐鹿的乱世之中，他平定中原，统一北方，奠定了曹魏立国的基础。但即便是这样大智大勇的一代雄主，也曾有过有家不能回的伤痛。

汉献帝建安十一年（206）正月，春节的热闹气氛还没有完全消退，曹操又亲率大军再次踏上了远征的漫漫长路。

寒风猎猎，雨雪霏霏，巍峨崎岖、险峻难行的山路让曹军吃尽了苦头，这样酷寒的天气即便对惯于征战的曹操而言，也难以忍受。他的千古名篇《苦寒行》就写于这次行军途中：

北上太行山，艰哉何巍巍！羊肠坂诘屈，车轮为之摧。
树木何萧瑟，北风声正悲！熊罴对我蹲，虎豹夹路啼。
溪谷少人民，雪落何霏霏！延颈长叹息，远行多所怀。
我心何怫郁？思欲一东归。水深桥梁绝，中路正徘徊。
迷惑失故路，薄暮无宿栖。行行日已远，人马同时饥。
担囊行取薪，斧冰持作糜。悲彼东山诗，悠悠令我哀。

在曹操戎马倥偬的一生中，这一次出征并不算最重要的一次征战。此前建安五年（200）的官渡之战，曹操以弱胜强，一举击败强劲的对手袁绍，奠定了他统一北方的基础。

但，建安十一年的这一次北征，显然让曹操感慨万分，以至于写下这样一首长诗，记录这次太行山的艰难征途。

建安十一年的春节，曹操是在邺城度过的。虽然，他“挟天子以令诸侯”，于建安元年（196）时将汉献帝刘协安置在了颍川郡的许县（今河南省许昌市东），即称许都，自己却在官渡之战后于建安九年（204）时进军围攻邺城（今河北省临漳县西南），赶跑了袁绍的儿子袁尚，将自己的据点北迁到了邺城。

曹操当然挂念着许都，但北上邺城，实在有诸多的不得已。最根本的原因就是此时邺城的战略地位比许都更优越。曹操不顾一片反对之声，又一次做出艰难而正确的选择。

跟邺城相比，许都距离战场较远，大军在幽、并、青州战斗，如果仍然以颍川郡为根据地，部队的来往休整、给养运输和信息传递都需经过长途跋涉，相当困难。怀揣一腔抱负的曹操，为了平定北方，将自己的“霸府”由许都迁至邺城。随后，他把宗亲戚属与重要将领的家小基本迁移到邺城，军队主力及其家属也安置在邺城附近，邺城由此成为名副其实的军事、政治中心。而汉献帝所在的许都只保留了少数官吏。

在此后短短几年中，曹操又率军攻灭袁绍的另一个儿子袁谭，平定了冀州和青州。接连的胜利让曹操心情舒畅，他打算好好庆祝一番。于是，建安十一年在邺城度过的这个春节就显得特别喜庆了。而且，儿子曹丕作为邺城留守表现相当出色，他也想在家宴上好好表扬一下曹丕，顺便鼓励鼓励儿子们。他的视线环顾了一周，正要停留在曹丕身上，这位年轻有为的留守主动站起身来，带着弟弟们向父亲敬献柏叶酒，曹操一饮而尽，欢喜得很。

曹丕自幼随父学习骑马射箭，十岁开始跟随父亲征战南北，长期艰苦的军旅生涯将他的意志磨炼得像父亲那样坚韧果敢。

建安二年（197），曹丕跟随父亲攻打张绣，结果长兄曹昂被杀，危难之中曹丕骑马逃脱，年仅十岁的他早早显示出了超越同龄人的沉稳与机智。曹昂死后，作为曹操次子的曹丕更为父亲所倚重。建安九年攻破邺城的那一仗，曹丕就是父亲的得力干将。那时的曹丕已经是一个威风凛凛的少年将军啦！

看着自己一手培养的儿子英武帅气又文质彬彬，曹操满意地点了点头。酒宴的气氛渐渐热烈起来。曹操刚刚将酒杯放下，从弟曹仁便疾步凑到曹操身旁耳语了几句，曹操的神色立即变得严肃起来，曹丕和弟弟们也紧张地盯着父亲。原来，曹仁带来了并州战场的最新消息：建安十年（205），曹操派遣手下名将李典、乐进率军攻打叛将高干，但在壶关口（今属山西省长治市）被阻，久攻不克，他们是向曹操请求援兵来了。

高干是袁绍的外甥，建安九年曹操攻破邺城的时候，高干以并州投降，归顺了曹操，曹操为了表示安抚，让他照旧担任并州刺史。令人没想到的是，归顺未及一年，高干就趁着曹操北征乌桓，后方空虚之时，再次在并州起兵反叛，并捉拿了上党太守，举兵据守壶关。

壶关易守难攻，乐进、李典久攻不下。于是，建安十一年春节一过，曹操立即率军亲征。

这一回，他要翻越太行山，进军上党，征讨以高干为首的叛军。

高干闻风丧胆，败走匈奴，只留几名别将守城。曹操围城三个月之后，终于攻破壶关。而匈奴单于没有接纳高干，高干只能转头逃往荆州，被上洛都尉王琰逮住斩杀。

学者一般认为，这首《苦寒行》很可能就写于曹操北征高干的途中。曹操从邺城出兵，取道河内，北渡太行山。太行山风雪交加，苦寒无比，再加上山路险峻难行，“羊肠坂诘屈，车轮为之摧”。羊肠坂道是著名的“太行八陉”的一部分，是古代中原通往上党的交通要道，这条路像羊肠一样狭窄弯曲，盘旋缠绕在太行山间，崎岖的山路使车轮在一次次颠簸中被折断。一路上还有熊罴虎豹等猛兽环伺，企图袭击士兵，行军打仗变得异常艰辛而危险。

风声、雪声、猛兽的叫声，真是让人毛骨悚然。《苦寒行》就是这样一首关于战争的纪实诗，它不仅真实地记录了征战途中的艰险，更流露出一位诗人特有的敏锐、细腻和温情。

最让人感动的是，曹操作为野心勃勃的一代枭雄，心中并非只有战争，他的内心还保有对民生疾苦的感同身受：“溪谷少人民，雪落何霏霏！延颈长叹息，远行多所怀。”建安年间，军阀割据，战乱频繁，百姓流离失所，哀鸿遍野，曾经欣欣向荣的村庄如今荒无人烟。曹操的《蒿里行》中就流露过“白骨露于野，千里无鸡鸣。生民百遗一，念之断人肠”的悲叹——那也是他对生灵涂炭的战争的深沉反思。这一次在苦寒中的太行山行军，即便是在相对宜居的溪谷中，也很难看到老百姓生存的迹象，他情不自禁地仰头长叹：民生多艰啊！

虽然乱世出英雄，但即便作为时代风云人物的曹操，也厌倦了这种席不暇暖的征战生涯——哪怕不断的征战给他带来了无上的荣光与平定中原的巨大成就感，可是，如果真的让他选择，他会不会更愿意做一个慷慨深情的诗人，而不是一个衣不解带马不解鞍的将帅呢？

此刻，艰难行进在太行山羊肠小道上的曹操，最想做的事情并不是攻城杀伐，而是——

回家！回家！回家！

但，现在的他，离家乡到底有多远？

似乎并没多远，他和家乡之间，只隔了一座桥的距离。

“我心何怫郁？思欲一东归。水深桥梁绝，中路正徘徊。”桥梁成了这首诗中最重要的信息点之一。

漫长而又艰苦的行军途中，作为统帅的曹操内心充满愁苦，满心渴望着战争早日结束，将士们能够早日回家。可是“水深桥梁绝”，他只能徘徊在茫无尽头的羊肠坂道之上：进，不容易；退，不可能！

“迷惑失故路，薄暮无宿栖。行行日已远，人马同时饥。”在茫茫风雪中，他迷失了方向，暮色迫近，大军却找不到可以安营扎寨的地方，行军路途漫长，人马都处于饥寒交迫的状态。在这样的诗篇中，我们看到的似乎不是那个振臂一呼应者云集的霸主曹操，而是一个与士兵同甘共苦，和士兵一样厌战思乡，多愁善感的平凡人曹操。

作为军事统帅的曹操，只能勇往直前。

可是，作为诗人的曹操，也会像一个普通士兵一样，渴望放下武器，回到衣食无忧、有人嘘寒问暖的家，他也需要一个可以遮挡风雨的宁静港湾来释放他的紧张、不安与忧虑。

在这样至情流露的诗句中，“桥梁”就像是一个特殊的心灵开关，“水深桥梁绝”的诗句透露了作为普通人的曹操的迷茫与焦虑。他内心渴望能够有一座桥，让他跨越深水峡谷，回到那个令他身心安顿的家乡。

“我想回家了。”对于一个普通人来说，这可能是一个很容易满足的小愿望。

从建筑工艺而言，在汉代要建一座跨越深河的桥并不是一件太难的事。桥梁建筑在汉代发展很快，早已是人们日常生活中不可或缺的重要存在。在河南、江苏、山东等地的汉代画像石里常常可以见到工艺成熟的桥梁的形象，除了绘制精美、图像清晰且有代表性的画像石，还有汉代的画像砖和壁画，也包含着大量有关桥梁的信息。例如在内蒙古和林格尔新店子汉墓第三十一号壁画“七女为父报仇”中，我们就能看到建造牢固、

○ 内蒙古和林格尔新店子汉墓第三十一号壁画“七女为父报仇”摹本

工艺复杂、装饰华美的渭水桥，桥上有行人，有车马，桥上正中的车骑当中，还有“长安令”三个字。据学者考证，此墓葬年代在公元145—200年，与曹操差不多同一时代。[①]

①参见唐寰澄：《中国古代桥梁》，文物出版社，1987，第31页。

汉代的时候，梁桥、拱桥、索桥三大桥梁体系都已存在，其中以梁桥最为成熟和多见。画像石中的两坡式梁柱桥已经很常见，有引桥、护栏，还有单跨、双跨和多跨等多种形式。梁柱的种类也是多种多样，其中最常见的是木质和石质梁柱。从桥上的行人车马可以看出汉代桥梁已具有很强的承重能力。据《三辅黄图》记载，汉代时流行墩式桥基技术，桥的跨数已经远远超越单跨，桥梁的结构越来越复杂。据说，桥的跨数最多可达

○ 山东嘉祥武氏祠前石室第六石“水陆攻战图”摹本

到60多跨。

拱桥在汉代也已经出现，汉画像石、画像砖上都出现了单孔拱桥，桥的跨度很大，桥上人数众多，显示出当时的拱桥已经能够承受大量的荷载。山东嘉祥武氏祠前石室第六石“水陆攻战图”是比较经典的作品之一。画像石上的桥，是典型的两坡式梁柱桥，桥上满载车辆、马匹，以及手执兵器的人，很显然，这是一个战斗的场面。

《汉书》当中还记载了这样一个小故事。汉元帝要出宫祭祀宗庙，打算乘船去，御史大夫薛广德劝谏皇帝说：“宜从桥。”意思是请皇帝从桥上走陆路通行。皇帝很不开心，这时光禄大夫张猛（张骞的孙子）也进谏说：“乘船危，就桥安，圣主不乘危。御史大夫言可听。”皇帝“乃从桥”。皇帝最终还是听从了大臣们的意见，改从桥上通行了。

这个故事发生在西汉汉元帝时期，汉元帝于公元前 49—前 33 年在位，比曹操所在的时代早了两百年左右。早在那个时候，大家就已经有了一个共识：乘船走水路不安全，而桥梁稳固，是更为安全便捷的出行之选。

可见，在现实中要建一座跨越深水的桥并不难；难的是，即便面前真的横跨着一座桥，你却不能任性地选择回家。

回家，这个对普通人来说很容易满足的小愿望，却是此时的曹操最奢侈、最遥远的梦想。

“回家”，终究只是曹操在诗歌中偶尔任性的“小憩”，他还是要回到必须面对的残酷现实中来。

“水深桥梁绝”中的桥梁，不能简单理解为一座跨河的桥，它更是一座人生选择的桥：从桥上回家意味着选择一个安逸的“舒适圈”，选择“躺平”的生活方式；而“桥梁绝”则意味着斩断对安逸的眷恋，迎难而上选择一条遍地荆棘、充满障碍的道路。

“水深桥梁绝”，一个“绝”字，昭示的并不仅仅是现实交通上桥梁和道路的断绝，而是曹操理智且果断地斩断了自己与普通人一样的对回家的向往——他必须承担起作为军事统帅的责任，他还要“担囊行取薪，斧冰持作糜”，带领将士们一边艰难前行一边捡拾柴草，破河凿冰，生火熬野菜粥，让将士们聊以充饥。此时的曹操，不禁想起了《诗经》当中那首吟咏士兵东征后归家的《豳风·东山》，他现在还不能像诗中的那位士兵一样，一边走在回家的路上，一边想象着阔别已久的家的模样。“悲彼东山诗，悠悠令我哀”，那是回不去的遥远的家乡啊！战争还没有结束，天下还没有太平，曹操只能将回家的念想深深埋藏在心底。

值得一提的是，汉代学者认为《豳风·东山》以周公东征为历史背景，以一位跟随周公东征三年幸运生还的普通兵士的感受为视角，叙述了东征结束后归家的士兵在回家路上产生的种种复杂而真切的内心感受，整首诗以乐景抒哀情，气氛悲凉，反映了战争给人民带来的深重灾难。而曹操最愿意以周公自比，在他那首最有名的《短歌行》中，他也曾慷慨激昂表露过“周公吐哺，天下归心”的雄心壮志。所以，曹操的“想回家”，既是一个普通人对家的向往，更是让天下重归太平，让天下人都能回家的高远理想。

“水深桥梁绝”，一个“绝”字，看上去是截断了曹操自己回家的路，但更让我们感受到了他为圆天下人回家梦的决心。

他要用自己不断地远行，来实现更多普通人回家的愿望。

建安十一年，曹操击败高干平定并州。第二年，他又率军北征乌桓大获全胜，彻底肃清了袁氏的势力。

北征乌桓的时候，时值隆冬，天气酷寒而且干旱，军队补给无法及时供应，粮草极度匮乏，曹操下令杀掉几千匹马作为军粮，让将士们聊以果腹，凿地三十余丈才挖出地下水来聊以解渴。

讨伐高干、北征乌桓，都是极为艰难的征战经历，即便是身经百战的曹操，每每回想起来，仍不免感触良多。

与其说，“水深桥梁绝”是曹操面对行军艰难的现实不得已的感慨，不如说，这是曹操面对多难的时代做出的主动选择。

父亲的选择，就是一根标杆，为他的后继者们确立了一个奋斗的方向。曹操的儿子曹丕就同时继承了父亲军事家的果敢理智和诗人的感性深情，而且，曹丕在他的诗歌中，也像父亲一样搭建了一座渴望归家的心灵之桥。

曹丕在他的《杂诗·其一》中写过这样的句子："郁郁多悲思，绵绵思故乡。愿飞安得翼，欲济河无梁。向风长叹息，断绝我中肠。"

自小就跟随父亲南征北战的曹丕，当然能够体会父亲、体会将士们厌战思乡的情绪。和父亲一样，每次远征，他心中既有期待凯旋的磅礴斗志，也从来没有断绝过绵绵思乡的悲情。诗中的曹丕，就像一个渴望回家的小孩，但河上没有桥，他无法跨越；他也没有翅膀，无法飞翔。

"愿飞安得翼，欲济河无梁。"在这里，"飞翔"成了他的理想姿态，"无桥"的现实却成为理想落空的象征。

如果说，曹操的"水深桥梁绝"，是理智地斩断了回家的念想，重拾前行的勇气与霸气；那么曹丕的"欲济河无梁"则是让回家的念想发酵成了一往而深的浓烈乡愁。从这个意义上说，在曹操的多重身份中，军事家、政治家是主流，他偶尔才是一个诗人；可是儿子曹丕的性情，却多了一些诗人多愁善感的天性。

在父亲那里，"水深桥梁绝"是偶然的一次纪实咏叹；在儿子那里，"欲济河无梁"却是一种理想与现实矛盾的常态。

诗，是连接父子思绪的一座桥；而诗中的桥，又是映照父子特殊关系的一面镜子。

其实，曹操不仅仅是一位乱世称雄的霸主，还是一位十分注意亲子教育的父亲。对儿子们来说，父亲曹操则既是他们心中的偶像，又是他们努力想要超越的标杆。曹操文武双全，尽管征战一生，但他“手不舍书”，白天讲武策，晚上读经传；他文采飞扬，才思敏捷，“登高必赋”。每次写了新诗，还一定要配乐演唱。这样全能型的父亲当然希望儿子也能够全面发展，所以他对儿子的要求非常严格，“身教”的同时不废“言传”。而且，他还很善于根据儿子各自的长处与喜好因材施教。

比如卞皇后的第二个儿子，曹丕的弟弟曹彰，少年时就显示出骑射的天赋，膂力过人，可以手格猛兽，从小就被曹操带在身边征战四方。曹操曾经教训过他：“你这孩子，就是不喜欢读书，一门心思骑马击剑，这是‘一夫之用’，成不了大气候啊！”曹操试图亲自教他读书，可是曹彰却跟身边人说：“大丈夫就要像汉代卫青、霍去病那样，率领十万铁骑驰骋沙漠，驱逐外敌，建功立业，怎么能满足于做一个皓首穷经的‘博士’呢！”有一次，曹操让儿子们各自说说自己的志向，曹彰说：“我将来要当将军！”曹操问他：“当将军干什么呢？”曹彰说：“被坚执锐，临难不顾，为士卒先；赏必行，罚必信。”曹操听了大笑。自此，曹操就特别注重培养曹彰在军事方面的能力，在战场上也越发倚重曹彰。曹彰的胡须是黄色的，因此曹操称他为“黄须儿”，每次在战场上遇到紧急关头，曹操就会本能地大喊：“黄须儿何在！”屡立战功的曹彰并没有居功自傲，而是听从哥哥曹丕的建议，总是归功于众位将领，曹操非常欣赏他这种心胸格局，夸奖他说：“黄须儿竟大奇也！”意思是我这个黄须儿真是个大奇才啊！“黄须儿”后来还成了古典诗词里的常见意象，用来形容那些勇猛的武士将领，例如王维的《老将行》中就有这样的句子：“射杀山中白额虎，肯数邺下黄须儿。”这里的“邺下黄须儿”指的就是曹彰。

曹操的众多儿子中，公认文学成就最高的当然是曹植。有一天，曹操检查曹植的学习情况，看到一篇作文写得相当精彩，他不相信十几岁的孩子能够写出这么老练的文章，就问曹植：“这是你请谁帮忙写的？”

曹植立刻跪下回答：“孩儿言出为论，下笔成章，怎么可能请‘枪手’！父亲如果不信，您可以当面出题考试！”

当时曹操新盖的宫殿铜雀台正好举行落成典礼，于是他带上所有的儿子，在铜雀台内尽情游览了一番后，命令儿子们各自写一篇辞赋来描述宫殿的壮美景观。曹植果然下笔如有神，一挥而就，曹操拿过曹植的“作业”一看，词采华茂，情景交融，曹操这才相信这个儿子确实是天才少年。以后他便经常将曹植带在身边，每当碰到疑难问题时，便随即考问他，曹植总是能够应答如流，而且分析得有理有据。渐渐地，谁都能看得出来，曹操对曹植偏爱有加，甚至一度产生了将他立为继承人的想法。

可是，曹植的性格比较张扬任性，尤其嗜好饮酒，往往不加节制，他这种不拘小节的性格作为诗人也许算不上什么大不了的缺点，可是作为一名政治家却显得过于率性随意了，甚至经常因此误了大事。经过多次考察，曹操终于看清了：曹植虽然文采一流，在兄弟们之中出类拔萃，比起自己来甚至可以说是青出于蓝，但他个性不羁，实在不适合当一个运筹帷幄、冷静理智的政治家，于是改变了立他为储的想法。

曹植最终成了那个时代最优秀的天才文学家，而没有像他的哥哥曹丕那样成为文武双全又沉稳内敛的政治家。

作为一位优秀的政治家和军事家，作为魏国的开国之君，曹丕的气质中，既有着不逊色于父亲曹操的理智与果敢，也有着不逊色于弟弟曹植的多情与诗意。与父亲相比，他的身上多了一些浪漫的艺术气质。就像“水深桥梁绝”，表现的是曹操的伤感与决绝；“欲济河无梁”表现的却是曹丕的伤感与多情。

曹丕还有一组《燕歌行二首》，被认为是中国文学史上现存最早的完整成熟的文人七言诗，他以一位家中思妇的口吻，抒发了对远行游子忧伤而绵长的思念，其中也写到了“无桥”的伤感与多情：“明月皎皎照我床，星汉西流夜未央。牵牛织女遥相望，尔独何辜限河梁。”

没有人可以理解思妇的孤独和痛苦，陪伴她深夜无眠的只有明明如水的月色，照耀在冷冰冰的床上。当她遥望星空，与她深深共鸣的只有同样困于相思中的牵牛织女：“牵牛织女遥相望，尔独何辜限河梁。”你们本来如此相爱，相爱没有罪过，可你们为何还被残忍地分隔在银河两端呢？为什么在银河之上就不能搭建一座跨越相思连接爱的桥梁呢?

曹丕的诗就是这样温柔清丽，流淌着淡淡的忧伤。常年征战沙场的经历，也让他更深地体会到了背井离乡给人们带来的痛苦。读着他的诗句，仿佛作者不是一个傲视群雄的开国帝王，而是一个满腹哀愁的才子诗人：他多想用这样凄美的诗句，为世间所有相思的人，搭建起一座带他们回家的桥。

在桥上，父与子、夫与妻，都可以在长久的分离之后，终于紧紧地相拥在一起。

从“水深桥梁绝”到“欲济河无梁”和“尔独何辜限河梁”，父亲伫立成一座桥的模样，牢固而且深情，那是儿子奔赴的方向，也是儿子想要超越的高度。

当然，儿子未必一定要全面超越父亲，但无论是在文学上还是政治上的成就，曹丕都足以让父亲为他感到骄傲。

读曹操和曹丕的诗，我愿意相信，“水深桥梁绝”只是暂时的分离，“欲济河无梁”只是暂时的失意，“尔独何辜限河梁”只是暂时的相思，在他们的心里，在他们的诗中，“桥梁”和回家发生了一种必然的联系：他们每一次不得已的远行，都是为了终有一天可以让更多的人安心回家；在他们每一次远行回望家乡的视线当中，都会看到一座无形的桥。

桥的另一头是家；桥上守望的身影，是家人。

第五集

河广无舟梁

——如果爱，请为我搭一座桥

桥，不仅是交通的连接，也是情感的维系，同时还是视觉美的重要构成。从《诗经》开始，桥梁就和诗情画意结下了不解之缘。在先秦到两汉的历史典籍中，桥梁的重要性已经得到充分展现。早在公元前 4 世纪，孟子就曾提及能过行人的桥“徒杠”和能行车的桥“舆梁”，孟子还说，只要定期对这些桥梁进行维护，百姓就不会为渡河而发愁了(“民未病涉也”,《孟子·离娄下》)。

公元前 3 世纪的战国时期，甚至还出现了活动桥：燕太子丹在秦国做人质受到虐待，于公元前 232 年逃出秦国。在太子丹出逃的必经之路上有一座“机发之桥”，也就是带机关的活动桥。这种桥用平板做桥面，桥的一端有一个水平的机关（“横括”），把机关抽掉，桥面会翻转，桥上的人马就会掉进护城河。秦王试图用这种机关桥除掉燕太子丹（“秦用此桥，以杀燕丹”，李筌《太白阴经》）。但燕太子丹赶在机关发动之前迅速过了桥（“丹过之，桥为不发”，《燕丹子》），逃过了这一生死之劫。

如果燕太子丹没能成功逃脱这次机关桥的算计，也就不会有后来感天动地的荆轲刺秦王的故事了吧。

《史记》中也记载了许多发生在桥上的故事。比如大家特别熟悉的张良的故事：“良尝闲从容步游下邳圯上。”张良有一次在下邳的桥上闲逛（下邳人称桥为“圯”），正好碰到一个穿褐色衣裳的老头儿，这个老头儿径直走到张良跟前，故意把自己的鞋扔到桥下，然后回头命令张良：“小子，你下去把我的鞋捡上来。”（“孺子，下取履！”）张良十分惊讶：什么人！敢对自己这么颐指气使？忍不住想一拳打过去。可是一看他那么老态龙钟，又下不去手，只好强忍怒火，跑到桥下帮他把鞋子捡了上来。没想到老头儿得寸进尺，脚往张良面前一伸：“帮我穿上！”（“履我！”）张良想着反正鞋子已经帮他捡上来了，老吾老以及人之老嘛，索性跪在地上帮他把鞋穿上。老头子心安理得地等张良帮他穿好鞋，大笑着离开了，张良十分惊讶，目送老人离去。果然，老人家又转身回来对他说：“你这孩子‘孺子可教矣’。五天以后的清晨，你再过来见我。”后来老人家传授给张良《太公兵法》，张良日夜用心研读，终于成为辅佐刘邦立汉的开国功臣。

下邳那座让张良“忍辱负重”的桥，事实上成了助力张良事业腾飞的“跳台”。

这些故事都说明了先秦两汉时期桥梁随处可见，而桥梁建造无疑是中国传统文化宝库中又一个闪闪发光的领域。西方的建筑学家曾感叹："中国文化的特色在不小程度上是合理与浪漫的巧妙结合，这一点在建筑工程上也产生了效果。中国的桥梁没有一座是不美观的，而且不少是非常美观的。"[①]

①李约瑟：《中国科学技术史》第4卷，科学出版社、上海古籍出版社，2008，第171页。

在汉代"合理"而又"浪漫"的桥梁中，成都的升仙桥应该颇具代表性。因为司马迁在《史记》中长篇累牍地记载了司马相如与卓文君的传奇爱情故事，使得"琴挑文君""文君当垆"的故事代代相传。

穷小子司马相如通过一系列"神操作"，与美女卓文君家乡的父母官——临邛县令王吉合作，自编自导自演了一出大戏。在卓文君父亲卓王孙办的家宴中，司马相如抚琴一曲，成功地赢得了寡居在家的卓文君的芳心，卓文君于是连夜与司马相如私奔到了成都。可是到了司马相如家才发现，他穷得"家居徒四壁立"。

巨富之家的千金怎么可能忍受得了天天喝西北风的日子呢？于是卓文君建议夫君与自己回到娘家临邛县，二人回到临邛后卖掉马车，开了一个小酒馆，他们夫妻俩亲自当店小二，什么杂活儿脏活儿累活儿都自己干。这下可把卓王孙气得七窍生烟，自己富可敌国，生个女儿却去干这种“下贱活儿”，女儿女婿简直把自己的脸都丢尽了！思前想后不得已之下，卓王孙只好听从亲朋好友的建议，分给女儿女婿一些钱财，卓文君便与司马相如回到成都，过上了富足的生活。

但仅仅是拥有财富，绝非汉代第一才子司马相如的志向。过了几年，热爱辞赋的汉武帝偶然读到了司马相如早年写的一篇文采飞扬的大赋《子虚赋》，被作者的才华折服，不由得感叹：“我怎么就没和这样的人才生活在同一个时代呢！”没想到汉武帝的感叹被身边养狗的侍从杨得意听到了，杨得意是成都人，听过司马相如的大名，他连忙对皇帝说：“这篇赋是我的同乡司马相如所作啊！”汉武帝一听，大喜，赶紧派人召司马相如入京。

司马相如命运的转折终于出现了！据说，司马相如离开成都时，经过升仙桥，“题其门云‘不乘赤车驷马，不过汝下’也”。他在离开成都时，就在升仙桥题字立誓：如果不能乘坐四匹马拉的“高档专车”，那我就没脸回成都见父老乡亲了！

这语气中充满了抱负和自信！

果然，司马相如后来一路升到中郎将的职位，并且受汉武帝的委派，到西南招抚四夷。途中经过成都时，家乡太守、县令等官员全部出城迎接，以最高礼节隆重接待这位衣锦还乡的朝廷高官。

在司马迁笔下，最浪漫传奇的爱情和最令人艳羡的寒门才子“逆袭”的故事完美地集于司马相如一身，又充分地体现在司马相如于升仙桥留下的誓言中：“不乘赤车驷马，不过汝下”！

升仙桥，是早在秦国李冰治理成都时期建造的一座桥梁。事实上，李冰兴修水利工程，沿水造桥，一共修造了七座桥，总名“七星桥”，分别为长星桥（万里桥）、员星桥（安乐桥）、玑星桥（建昌桥）、夷星桥（笮桥）、尾星桥（禅尼桥）、冲星桥（永平桥）、曲星桥（升仙桥）。

自战国以来，七星桥既是成都的交通要道，也是军事要道，史书记载的诸多战争，都与七星桥息息相关。

七星桥之一的升仙桥，见证了司马相如早年的穷途末路，见证了司马相如和卓文君充满传奇色彩的浪漫爱情，见证了司马相如不飞则已一飞冲天的事业历程，当然也证明了两千多年前中国桥梁技术已经取得的成就。

汉代不仅在梁桥、拱桥等桥梁类型的建造上取得了长足的进步，悬臂桥的建造技术也发展迅速——用支撑托架如同悬臂梁一样把楼阁挑出在湖面上，这种建筑物称为“梯桥”。而在中国的西部尤其是喜马拉雅山地区，吊桥也是常见的桥梁形态。早在东汉的典籍中已经可以看到中国最早的有关吊桥的记载。早期吊桥的材料多是藤索、竹索等，用熟铁铁链来作为主要材料无疑是吊桥建造工艺的一次巨大进步，这一创新很可能始于公元 1 世纪的中国西南部。最为著名的铁索桥是云南景东附近的兰津铁桥，相传为汉明帝在公元 65 年左右所建。而欧洲最古老的铁索桥是 1741 年建在蒂斯河（River Tees）上的温奇桥（Winch Bridge）。兰津铁桥也被西方公认为是 18

世纪和19世纪所有成功建造的铁索桥的先驱者。阿塔纳修斯·基歇尔（Athanasius Kircher）在其1667年出版的《中国图说》中再次强调了兰津铁桥工程的奇异。18世纪的时候，这座桥被欧洲人屡次绘成插图。西方学者认为“一定有一系列的影响是从中国的铁索桥流传到文艺复兴时期和近期欧洲的工程师们那里”。[①]

①李约瑟：《中国科学技术史》第4卷，科学出版社、上海古籍出版社，2008，第251页。

不过，令人疑惑的是，尽管桥很早就成为中国人生活中不可或缺的交通建筑元素，并且很早就进入诗人与画家的视野，可是，在两汉长达400多年的历史中，桥梁似乎忽然在诗歌中“隐身”了。两汉诗歌如此丰富，吟咏某座具体桥梁的篇章却极为罕见，东汉末年王粲的“朝发邺都桥，暮济白马津”（《从军诗五首·其四》）算是其中罕见的一个例外。绝大多数出现“桥梁”的诗，往往是表达河流太宽没有桥可以渡河，或者桥断了无法过河。“欲渡河无梁”是汉代诗歌最常见的感慨。

难道，在现实的世界中，桥不断引领着人们跨越障碍，走向远方或者彼此相聚；但是，在诗歌的世界里，深陷情感中的彼此依然困守于天各一方不能朝夕相守的忧伤中吗？

升仙桥是司马相如爱情事业双丰收的见证者；但，并不是所有相爱的人，都能顺顺利利地为爱搭起一座通往彼此的桥。不是每个人，都能像司马相如一样，给爱情一个圆满的结局，给年轻张狂的誓言一个完美的现实答案。

在汉代，另外一个和桥有关的爱情故事，发生在秦嘉和徐淑之间。

秦嘉和徐淑也是一对夫妻，他们共同演绎了汉代最唯美却也最凄美的一段异地恋。

秦嘉是陇西（治今甘肃省临洮县南）人，生活在汉桓帝时代。他的妻子徐淑同为陇西人，出身书香门第，是闻名乡里的才女。秦嘉和徐淑结婚后不久，妻子便身染重疾，久治不愈。为了不影响丈夫的工作，徐淑主动要求回娘家养病，而秦嘉也觉得妻子回娘家可以得到更好的照顾，不用分心去操持诸多家务琐事，所以，虽然彼此恋恋不舍，但秦嘉还是送徐淑回了娘家养病。

就在夫妻分离的这段时间里，秦嘉接到朝廷诏令，命其即刻赶赴京城洛阳就任新职。能够担任京官，是多少读书人梦寐以求的事；何况，朝廷旨意也不容违抗，秦嘉不得不告别家乡和亲人，准备启程前往洛阳。在动身之前，他唯一放不下的，是徐淑。于是他写了一封信，派人驾车带着他的信去接妻子，希望能够在离家之前和徐淑见上一面。

对于秦嘉来说，和妻子当面话别，这不过是夫妻之间最简单的愿望。但他没有料到的是，他这一封信，开启了一段被誉为中国最美异地恋的情书之旅。

那辆奔向妻子的马车上，载着秦嘉写给妻子徐淑的第一封信。这封信，翻译成现代白话文，大意是这样的：

虽然我内心很不情愿，但我终究不能免俗，也不敢违抗朝廷的旨意，只能“随俗顺时”，去京城，和别人一样，去追求仕途的成功。我知道你的病还没完全养好，你的内心一定很焦灼痛苦，你一定也像我一样，会因为思念而闷闷不乐，胡思乱想吧？如今，我就要远行了，去风尘中奔走，这不是你想要的生活，也不是我的平生理想。这一来一去，道阻且长，不知道我们要分别多久。我一想到这里，就按捺不住要马上见到你的渴望。至少，在分别前夕，让我见你一面，把我藏在心里许久的话当面说给你听，好吗？现在，我派马车过去接你，你会来的吧？

从马车出发的那一刻起，秦嘉就时不时奔到家门口向路的尽头眺望一番，他当然知道马车这一去一回需要多长时间，而且妻子一到家，仆人一定会第一时间来通报。但他仍然忍不住想要自己去门口看看，他希望妻子掀开车帘第一眼看到的人，就是自己。

马车这一去一来，似乎比平时慢了很多。秦嘉自己都记不清在家门口张望了多少次，直到他看到道路的那一头扬起的灰尘，还有马蹄与车轮的声音传来，他兴奋地撒开两腿向马车奔了过去，完全忘了保持自己家主的威严形象。

车夫看到主人，赶紧减速停下马车，秦嘉迫不及待地挑开车帘：

车厢是空的！

车厢里没有他日思夜想的妻子，只放着他熟悉的那只装信的木匣子。

他的心一沉：他最担心的事情还是发生了。

妻子没有随车返回，但妻子在信匣子里装上了她亲笔写给丈夫的回信。

可以想象，当徐淑看到丈夫派来的马车，看到丈夫熟悉的笔迹，她有多想立刻飞奔到丈夫的身边！但此刻的她，病体恹恹，根本不能忍受马车的长途颠簸，她强撑着虚弱的身体，从病床上坐起来，给丈夫回了一封信。

妻子没有随车回来，秦嘉怅然若失，唯一的安慰，是妻子的回信。秦嘉打开那封信，妻子秀丽的笔迹映入眼帘，虽然因为疾病的折磨，笔力显得比往日虚浮一些，但那依然是他最熟悉的样子。徐淑的回信这样说：

我早知道，夫君这块宝玉迟早会被发现。如今，夫君就要去京城见大世面、做大官了，这虽然算不上什么高洁的事业，但毕竟也是当年孔子都孜孜以求的志向啊！收到你的信的时候，你知道我有多想马上上车奔到你的身边吗？可恨的是，我的身体实在是不争气，要让你失望了。你很快就要动身了，想必行李都已经整理好了吧？"谁谓宋远，企予望之。"没想到《诗经》里的句子有一天会离我这么近！谁说你去的那个地方离我很遥远呢？我踮起脚就能看到你吧？我留在家里什么都做不了，要远行的是你，最辛苦的那个人应该是你呀。有那么多的高山深谷，等着你去翻越跋涉，这是多难的事情！那么漫长的旅途，你要一个人去行走；冰霜惨烈的岁月，你要一个人去面对，我想想就觉得心很痛。我只恨，我的身体不能做你的影子，你走到哪儿我就寸步不离地跟到哪儿；我们俩又不是比目鱼的眼睛，不知道什么时候才能在一起再也不分开。我只能读着写忘忧草的诗篇，企图排遣这两地相思的绵绵忧愁，我会努力忍受今天的苦，因为，我的心，会一直等着，等着我们重逢那一天的快乐。

临别之际，我还有一句话忍不住想要嘱咐夫君：夫君如今要去那个花花世界，在五光十色的京城里快活了，夫君可以“观王都之壮丽，察天下之珍妙”了。夫君，你该不会看得眼花缭乱，喜新厌旧，一去就把我抛在脑后了吧？

“身非形影，何得动而辄俱；体非比目，何得同而不离。”这真是从肺腑里流出来的至情之语。徐淑笔下写的是，我不是你的影子，我们俩也不是比目鱼的眼睛，但她心里想的其实就是，我多希望是你的影子，我多希望，我俩就像比目鱼的眼睛一样一辈子都不会分离。

原本失望至极的秦嘉，因为妻子这封情深意切的回信，感到了一丝安慰。

他奔回书房，提笔给妻子写了第二封信：

“车还空反，甚失所望！”看到车子空空荡荡地回来，你知道我有多失望吗！又看了你写给我的回信，那份因为远别的忧伤怅恨跟我的心情是一样的呀。这次我见不到你了，那就给你送几份礼物，让它们代替我，暂时陪伴在你身边吧。最近我得到了一面镜子，这面镜子真是不可多得的宝物，不仅明亮好看，而且装饰色彩世间罕见，我非常喜欢，所以把它送给你。还有一对宝钗、一双绣有龙虎的鞋子、四种上等的香料以及一张素琴，一并送给你。琴虽然不是新的，但它是我平时经常弹的那一张。明镜可以照见你的容颜，宝钗可以装饰你的发型，香料可以净身去除污秽，素琴可以愉悦你的耳朵。希望你会喜欢。

马车马不停蹄地奔走在两地之间，那一路的尘土，飞扬着浓得化不开的相思。

徐淑想到过丈夫尽管急着上路但还是会给自己回信，她没想到的是，随着回信一起到来的，还有五样饱含深意的礼物——礼物有多贵重不重要，重要的是送礼物的人有多用心。

五样礼物，每一样都是秦嘉爱的表达，每一样都精准地戳中了徐淑的内心。

徐淑更没想到的是，随着回信和五样礼物一起到来的，还有秦嘉写给她的三首诗。其中第一首说："遣车迎子还，空往复空返。省书情凄怆，临食不能饭。独坐空房中，谁与相劝勉。长夜不能眠，伏枕独展转。"

我派车去接你，没想到车子空着去又空着回。读着你的信，我的内心充满忧伤，没有你坐在身边，我吃不下饭，没有你躺在身边，我长夜难眠。你不在，我的孤独又有谁能知道、谁能安慰呢?

在《赠妇诗三首》中的第二首中，秦嘉这样写道：

皇灵无私亲，为善荷天禄。伤我与尔身，少小罹茕独。

既得结大义，欢乐苦不足。念当远离别，思念叙款曲。

河广无舟梁，道近隔丘陆。临路怀惆怅，中驾正踯躅。
浮云起高山，悲风激深谷。良马不回鞍，轻车不转毂。
针药可屡进，愁思难为数。贞士笃终始，恩义不可属。

在这首诗中，秦嘉首先表达了对命运的困惑：不是说善良的人都会蒙受上天赐予的福禄吗？为什么像你我这样的人，却从小就要忍受苦难与孤独？我们好不容易结了婚，终于成了在这个世界上可以温暖彼此的人，可欢乐却是那么短暂。接着，秦嘉就倾诉了对分离的不舍：我还没来得及好好感受你的温存，就要离开你远行了，只能靠书信和诗篇来遥寄我的思念。我恨啊，恨“河广无舟梁，道近隔丘陆”！我恨的是，我们之间隔着那么宽阔的河，却没有船、没有桥让我们渡河相见，我们之间隔着重重山峰，路途虽不遥远，想见一面却那么难！怎么那么难！

很显然，诗中的“河广无舟梁，道近隔丘陆”并不是事实。因为在秦嘉和徐淑所在的两地之间，马车几天之内往返了好几次，这说明两地之间的交通的确不太方便，但也绝不是道路不通，桥梁断绝。只是命运给了他们另外一种不可抗的安排：丈夫远行做官，妻子病重卧床。连夫妻相见这么朴实的愿望，在那一刻都成了奢望。

秦嘉说，他就要出发了，轻车良马，这一路往前，再没有回头路可以走了。妻子的病可以用针药调养，可是，绵绵思念该怎么排遣呢？

秦嘉当然知道，离别之际妻子最担心的是什么！诗的最后，他给了妻子一颗定心丸：“贞士笃终始，恩义不可属。”你放心，我们夫妻之间的深情绝对不会变，我对你的心也绝对不会改变！

秦嘉的诗是对妻子疑虑的最好回应：我要去到的那个花花世界绝对不会让我目眩神迷，“愿得一心人，白头不相离”的那个“一心人”，永远是你，而且，只有你！

马车载着秦嘉的信、诗和礼物一路奔向徐淑。

秦嘉没有急着动身，他有一种预感：在出发前，他还能等到妻子的回信！

身无彩凤双飞翼，心有灵犀一点通。在出发前的最后一刻，秦嘉果然收到了来自妻子的第二封回信：

你真好，不仅这么快给我回了信，还送了我那么多珍贵的礼物。你对我的一片深情，比我想要得到的还多得多。镜子很漂亮，宝钗也很别致，香料是难得的珍品，素琴就更不用说了。礼物珍稀还在其次，最让我感动的是，你送我的都是你自己最心爱的物品。如果不是爱得太深，你又怎会如此慷慨。我照着这面镜子，拿着你送的宝钗，就仿佛你情意绵绵地站在我的身边。我轻轻抚着你平时爱弹的素琴，吟咏着你平时也爱吟咏的诗篇，思念就打成了一个解不开的结。你告诉我说，香料可以芳香我的身体，明镜可以照见我的容颜，我懂你的情，但你还是不懂我的心。从前，有一位女诗人，她的丈夫远行之后，她就再也不肯梳妆打扮，宁可让“首如飞蓬”，头发就像风中凌乱的蓬草一样，班婕妤也有过女为谁容的感叹，现在的我，就像她们一样啊。你不在我身边，我打扮给谁看呢？琴弹给谁听呢？

下一次弹琴，是夫君你回家的时候了，下一次照镜子，也要等到你归来的那一刻了。你不在我身边，宝钗我是不会戴上的，你不在我床前，香料我也是不会打开的。

在信中，徐淑写了那么多悲伤而美丽的句子，其实千言万语化为一句，那就是，我等着你。

随信一起返回的，还有徐淑回赠秦嘉的一首五言诗，诗中有这样的句子："恨无兮羽翼，高飞兮相追。长吟兮永叹，泪下兮沾衣。"

秦嘉说，河广无舟梁，道近隔丘陆；徐淑就说，我只恨自己没有一双可以高飞的翅膀，陪伴你一路远行，我会一直眺望着你的方向，任由泪水浸湿我的衣裳。

这，应该是现存文献记载中保存最完整、时间最早的夫妻之间的赠答诗了。

南朝钟嵘在他品评五言诗的著作《诗品》中评价说，两汉五言诗写得好的女性统共只有两位，一位是班婕妤，另一位是徐淑。这样的评价或许可以看作是钟嵘的一家之言，但这样凄美的爱情深深打动的，绝不仅钟嵘一人。

更悲伤的故事还在后面。带着绵绵不绝的思念，秦嘉远赴京城为官，并且升至黄门郎。但，没过几年，他在一次出差途中病逝于津乡亭。

他和徐淑都没有想到，那一次"空往复空返"的马车传信之旅，竟然是他们留给这个世界的最动人的背影。

那时，他们以为再见不会太遥远。他们从来不曾想过，他们心心念念的“再见”竟然成了“再也不见”。

“河广无舟梁，道近隔丘陆。”这回的“河广”与“道近”，就是天上人间的距离了。

徐淑终究没有等回她最爱的人。她和秦嘉膝下只有一个女儿，为了给秦嘉传续香火，她又领养了一个儿子。秦嘉去世后，徐淑因

○ 顾恺之《洛神赋图卷》（宋摹）（局部），故宫博物院藏

年轻貌美，且家世良好，上门提亲者众多。她的兄弟想逼她改嫁，徐淑于是写了一封信给兄弟，表达了自己誓死不嫁的决心——她不是为了守住世俗所谓的名节，她只是走不出自己的深爱。

在徐淑的心灵世界里，只有一座桥，桥的那头，是秦嘉。此桥一断，再也没有替代。

“河广无舟梁，道近隔丘陆。”或许，现实中的桥梁建造技术越发达，人们对桥梁的连接功能越是充满更多的期待，对心灵世界中无法跨越的阻隔越是充满着更浓郁的悲伤。现实中桥梁建造技术的发展不断提高着人们的生活幸福指数，但，最美的诗歌却总是在最忧伤的心灵世界里徜徉。

所以，如果深爱，请搭一座通往彼此心灵的桥。

我甚至忽然有了这样一种私心：如果所有的“阻隔”和“断裂”都可以通过一座桥来弥补，那么我希望，在任何我们需要的地方，都会有那样一座桥，满足我们对幸福的期待；哪怕平凡的幸福也许会让我们失去那些忧伤的诗歌。但我宁可留下的只有幸福！

第六集

鸣鞭出渭桥

——守护一座桥就是守护大唐的家国

天宝元年（742），四十二岁的李白在踏遍千山万水之后，终于等来了唐玄宗的一纸诏令，他可以入京面圣了！李白欣喜若狂，多年来郁积于胸不得志的失落，在那一刻终于一扫而光，他“仰天大笑出门去”，快马加鞭来到京城长安，开启了一生中的“高光时刻”。

唐玄宗一见李白，果然是风度翩翩，恍若神仙下凡，面对提问也对答如流，胸有成竹。玄宗大喜，诏赐李白为翰林待诏，李白从此成了皇帝身边颇受信任的御用文人。

但是，翰林待诏不等于翰林学士。翰林学士是有“编制”的正式官员，可以说是天子的“秘书”；翰林待诏则是没有“编制”的“临时工”。以李白的豪放不羁，倒不一定在乎官位高低，但他一定在乎自己的政治才干能不能有真正的用武之地。我们现在公认李白是大唐诗坛最耀眼的天才诗人，可李白自己是怎么看待自己呢？

李白可不认为自己只是一个才华横溢的诗人，他觉得自己天生就是个很厉害的政治家，他认为自己的政治才能可以媲美战国时佩六国相印的苏秦，或者是三国时助力刘备的蜀汉丞相诸葛亮。事与愿违的是，唐玄宗虽然欣赏李白，却始终只是把他当成一位天才诗人来对待，似乎从未想过给他机会施展政治才能。

这样的“仕途”当然不是李白想要的。然而李白令人佩服之处在于：他可以高调地进京追逐梦想，也可以毫不留恋地潇洒离开，挥挥手不带走长安的一片“浮云”！

天宝三载（744），李白毅然决定辞官，继续他“一生好入名山游”的“驴友”生涯。在长安做官时，他曾经光芒万丈，虽也有过纠结失落，但幸运的是，无论是在巅峰还是在低谷，他那飞扬跋扈为谁雄的个性始终不变。

李白，永远是那个不羁放纵爱自由的李白。

你看，李白离开长安后四处游玩，又打算去登华山，也许是前一天的酒还没醒透，他骑着一头毛驴东倒西歪经过华阴县“县政府”的门口，恰好被县令看到了。县令勃然大怒，大声喝问：“你是什么人？怎么一点规矩都不懂？经过衙门还胆敢骑着毛驴不下来？”李白斜着眼睛一瞧：一个小小县令也敢对自己大呼小叫？他懒得自报家门，只是“傲骄”地说：“我是什么人？告诉你吧。天子的手帕给我擦过嘴巴，天子的御手亲自给我调过汤羹，我写诗的时候杨贵妃为我捧着砚台，高力士给我脱过靴子。连天子都特许我在殿前骑马，一个小小华阴县县衙却不准我骑驴？”

华阴县令一听：原来是大名鼎鼎的李翰林！县令脸色秒变，赶紧堆了一脸笑容向李白请罪：“哎呀哎呀，都怪小人眼拙，不知道是翰林驾临敝地，罪过罪过。”

见过大世面的李白又怎么可能真的和一个县令计较，他呵呵一笑，大手一挥，继续云游四海去了。

天宝三载的李白还是那个李白，只是与两年前比，这个时候的李白有了更丰富的阅历和更傲人的资本。

在唐玄宗身边的这两年，李白虽然在政治上没什么值得炫耀的建树，但好诗还真写了不少，在长安接触到的军政大事激发出他的雄心壮志，其诗作中也显示出强烈的参政热情和一定的政治智慧。例如他的《塞下曲六首》很可能就写于在长安做官的这段时期。

《塞下曲六首》借吟咏汉代的英雄人物和历史故事，尽情地抒发了李白的将军梦、英雄梦。有不少经典名句就出自这六首诗当中，脍炙人口的“愿将腰下剑，直为斩楼兰”就出自第一首。我们一起来看看这六首诗当中颇具代表性的第三首：

骏马似风飙，鸣鞭出渭桥。弯弓辞汉月，插羽破天骄。

阵解星芒尽，营空海雾消。功成画麟阁，独有霍嫖姚。

这首诗画面感很强，而且很有现代电影大片的视觉效果。我用三个词来概括这部“大片”的三个核心元素：一人、一马、一桥！

这一人和一马其实都没有明确的历史原型可以一一对应，但这一桥，可以明确是长安城北边的渭桥。那么，这一人一马和这座渭桥到底有怎样奇妙的关系呢？我们不妨用“分镜头”的视角，来看看李白这首诗给我们呈现了一部怎样的战争“大片”。

第一个镜头是空镜：夜色苍茫，如弓的弯月悬在远处绵延的山峦之上，幽暗的月色洒向沉默却又庄严的城墙，高大的城门紧闭，长安城门内宽阔的街道上夜阑人静，城门外宽阔的渭水此刻水波不兴，水面泛着似有若无的微光，岸边的垂柳静静地倒映在水中。宵禁之后，城内城外一片寂静，仿佛都已经沉入睡梦之中。

第二个镜头是远景：一声鞭响突然穿透沉寂的夜色，紧接着一阵密集的马蹄声由远而近疾驰而来，原本紧闭的城门突然大开，一队骑兵像一道闪电一般冲出城门。看不清有多少人马，只看到乌云一般铺天盖地而来，马蹄卷起的尘埃让本就幽暗的夜色更显得朦胧混沌。当镜头再推近一点，我们可以看到从飞扬的尘土中一马当先冲出来的是一匹白马，白马上持鞭挥舞的是一个披银色铠甲的英武少年，白色的披风随风扬起。

第三个镜头是特写：那个伏在马背上的少年，他紧盯着远方，一双眼睛仿佛比天上的星星还要清澈明亮。他从城门一路飞驰奔上那座渭桥，恍若一道月光掠过桥面。此刻镜头又拉成了远景，渭桥的全貌完整地出现在画面上。

第四个镜头是航拍：当千军万马冲过渭桥的时候，俯瞰桥面，铠甲闪亮，披风恣意飘扬，少年骑士们背上背着的弯弓和天空中的弯月相映成趣，“弯弓辞汉月”，这是多壮美的画面！

这时，或许可以利用蒙太奇手法插入一组回忆的镜头：这群少年白衣骑士是什么人？他们为什么破例深夜出城，而且如此快马加鞭如离弦之箭？

答案就在下一句“插羽破天骄”！原来，是因为收到了紧急军报！古代的军书插羽毛以表示十万火急。“天骄”在这里指的是来犯的匈奴。“胡者，天之骄子也。”（《汉书》）所以，尽管已是深夜，长安城早已进入宵禁，但军情不容耽搁，这些少年将士们连夜出城，即将奔赴边疆，去阻挡进犯的敌人。

在这组镜头里，边疆发生的战争过程被略去了，画面中的焦点始终是那座巍然屹立的渭桥。因为在那个月色朦胧的深夜，是渭桥送走这群视死如归奔赴前线的少年将士；也同样是这座渭桥，将在不久的未来，在灿烂的阳光下，迎接他们的凯旋。“插羽破天骄”，一个“破”字，使镜头直接跳转到了敌人落荒而逃，战士荣耀回归的画面。

“阵解星芒尽，营空海雾消。”古人认为客星的光芒呈现白色就是战事发生的征兆，而“星芒尽”则象征战争的结束，战场上空的硝烟散尽，海内复归太平。这当然是天下之大幸，但令人遗憾的是，那么多将士义无反顾奔赴疆场，功成奏凯的时候，得以拜将封侯、将画像供在麒麟阁的人，却只有嫖姚将军霍去病一人！

“功成画麟阁，独有霍嫖姚。”诗的最后两句既凸显了霍去病

○［元］王振鹏《大明宫图卷》（局部），美国大都会博物馆藏

的赫赫战功，也含蓄地流露出李白对于“一将功成万骨枯”的感慨。那是融报效家国的壮志与期待万众平安的心愿为一体的真情感慨啊。

是的，霍去病固然可以千载流芳，可是在那个深夜毫不犹豫奔上渭桥驰往边疆的无数少年骑士呢？他们可有平安归来？安享太平盛世的人们，可还记得他们“鸣鞭出渭桥”时头也不回的无怨无悔和“弯弓辞汉月”的无所畏惧？

李白诗中写的虽然是汉代历史，但他真正想要表达的是大唐家国情怀！

渭桥，迎送过无数这样“鸣鞭出渭桥”的少年英雄。因为在渭桥以南，是汉唐王朝的心脏——长安。如果说，“鸣鞭出渭桥”的少年们是捍卫家国平安的国之侠士，那么渭桥，就是护卫家国平安的“建筑卫士”！

渭桥这样的战略地位，是由它的地理位置决定的。

长安，曾经是西周、秦、汉、隋、唐等强盛王朝的都城所在，而长安最重要的地理标志之一就是“八水绕长安”。汉武帝时，著名才子司马相如曾经在《上林赋》中形容过“八水绕长安”的宏壮景观：“终始灞浐，出入泾渭；酆镐潦潏，纡余委蛇，经营乎其内。荡荡兮八川分流，相背而异态。”这里的“荡荡兮八川分流”指的就是或绕城而过，或穿城而过的八条河流：泾水（今泾河）、渭水（今渭河）、浐水（今浐河）、灞水（今灞河）、沣水（今沣河）、滈水（今滈河）、潦水（今涝河）、潏水（今潏河）。司马相如表面上夸耀的是汉武帝的御花园上林苑的壮阔，但其实《上林赋》哪里只是局限于夸耀一个规模有限的御花园，司马相如是怀着极度的文化自信，以长安为中心，盛赞了汉王朝的辽阔与富强。因此在司马相如心中，八水绕长安，不仅仅是一座城的地理标志，更是全天下的心脏与动脉。

在绕长安城而过的八水之中，渭水无疑具有最重要的战略地位和交通地位。渭水是黄河的一级支流，另外七条河流都是渭水的支流，其中只有泾水是在渭水之北，其他六条河流都在渭水以南。渭水上的桥也因此具有了格外重要的经典意义——渭水上的桥当然应该叫渭桥。有意思的是，在长安的所有桥梁中，只有渭桥和灞桥成了古典诗词中频繁出现的意象。换句话说，八水绕长安，只有渭水和灞水上的桥梁吸引了古代诗人钟情的目光，其他六条河流上的桥梁在古典诗词中几乎绝迹。诗人们不仅让足迹无数次经过渭桥和灞桥，也让情绪的跌宕起伏与渭桥和灞桥产生了不解之缘，渭桥和灞桥因此在古典诗词中分别具有了别样的情韵。

唐代的时候，长安城南侧为秦岭山脉，西侧为岐山，东侧为华山、骊山，地势险峻，道路崎岖，车马难行。而长安北侧广阔的关中平原与黄土高原地形平坦开阔，利于出行，恰巧渭水就横亘在关中平原中部，行人需要途经渭水才能到达渭北道，这就使得渭河上的桥梁成为无可替代的交通要道，是长安城去往渭北道的必经之路。渭桥上行人如织，车水马龙，络绎不绝，人们在渭桥边迎接游子、送别亲友，渭桥见证着一幕幕分别与重逢；而帝王御驾、军队出征也要经过渭桥，因此，渭桥还拥有政治核心地位的象征意义。

早在秦王朝时期，渭桥就彰显了独一份的王者气象。《三辅黄图》这样说：“始皇穷极奢侈，筑咸阳宫，因北陵营殿，端门四达，以则紫宫，象帝居。渭水贯都，以象天汉；横桥南渡，以法牵牛。”秦朝宫殿格局的规划效法天象，而“渭水贯都”对应的是银河，象征天权，“横桥南渡”对应的就是牵牛星了，渭水与渭桥作为政治核心的意义充分彰显了出来。横桥，就是横跨渭水之上的桥，也就是中渭桥——唐代时，横跨渭水的桥梁至少有三座：中渭桥、东渭桥和西渭桥。

唐诗中出现的“渭桥”，大多数情况下指的都是秦始皇时建成的中渭桥，本名横桥。秦朝的时候，渭桥是秦联通渭北咸阳宫和渭南各个宫殿的交通枢纽。有学者推测，秦时的渭桥可能是一座大型双层封闭式宫桥，“为了保证始皇活动的机密性，秦渭桥的通道必须是双层密闭空间，而30里长桥，自亦有可供始皇及其庞大的随行队伍、卫队等休息停留之所，亭阁峥嵘，可以想见”[①]。秦渭桥的上层是专供皇帝出行的“辇道”，下层才是普通人车驾通行的通道。

①高介华：《渭桥——秦建筑文化中的水上明珠》，《华中建筑》1988年第4期。

作为秦都城内河的渭河，在汉代已经成为长安城北侧的城外河，中渭桥由此成为西汉通向京师大道上最重要的地标式建筑，所有由长安往西的交通必须先往北走，所以中渭桥也应该是丝绸之路从汉代长安城出发后经过的第一座桥梁！汉朝的渭桥上也经常可以看到皇帝御驾出行的盛况。著名的“渭桥惊马”事件就发生在西汉初期汉文帝之时。

有一回，汉文帝御驾从渭桥上通过。本来皇帝出行之前应该早就实施过非常严格的清道措施，可是百密一疏，意外还是发生了：有一个老百姓不知怎么从桥下窜了出来，惊到了御马。皇帝很生气：怎么可以发生这样的事故！这回还算有惊无险，只是一个老百姓不小心冲撞了车驾，没造成什么大的伤亡。如果是别有用心的人精心安排的刺杀呢？后果不堪设想啊！

皇帝于是命令廷尉给这个莽撞的人从严治罪，以儆效尤。

廷尉是国家最高司法长官。如果只是一次普通的交通事故而且没有造成任何人员伤亡与财产损失，不可能惊动国家最高司法长官。可是，这不是一次普通的交通事故，当事人双方身份悬殊：一个是平民，另一个是皇帝！这事儿就闹大了！

当时的廷尉是汉代名臣张释之。张释之了解了详细情况以后，作出判断：这个人听说御驾马上要通过渭桥，来不及回避了，就只好临时躲在桥下。他躲了很久，感觉外面似乎已经恢复了平静，这才从桥下走出来。没想到一露面迎头就碰上了皇帝车驾，一时间不知道该怎么办，本能地就想掉头逃跑。他的确有错，有错就该罚，那就按律罚款吧，让他长点教训。

廷尉将这个处理结果上报给皇帝，没想到皇帝大怒：惊扰了御驾，竟然只是罚点款了事？这个人胆大包天，“亲惊吾马”，“吾马赖柔和”（《史记·张释之冯唐列传》），万幸的是我的马性格还算温和沉稳，突遭变故并没有惊慌失措，要是换了别的马，一受惊就狂奔乱窜，我还能不能好胳膊好腿地坐在这里都难说！廷尉你倒好，就这样大事化小小事化了，罚点款了事，这也太敷衍了吧？太不把朕当回事儿了吧？那以后谁还会敬畏天子的威严？还怎么起到杀鸡儆猴的威慑作用？

皇帝虽然震怒，廷尉也不是草包啊！张释之从容地回答：“法者天子所与天下公共也。”法令是天子与天下人共同遵守的。如果实际处罚结果比法令条规要重，那以后老百姓谁还会相信法令的权威？如果事故发生的当时,您要行使天子特权把他斩立决也就算了，可是您既然下令交给廷尉来处理，“廷尉，天下之平也”，那我就要按法令公平处理，我就要让天下人都知道法令神圣不可侵犯，法令面前人人平等，人人都应该依法办事，即便是天子也不能例外。陛下您仔细想想看，是不是这个道理？

汉文帝当然不是昏君，张释之一番话不卑不亢、有理有据，他只是一怒之下要严惩那个惊驾的人，但如今平静下来一想，还不得不佩服廷尉的智慧。汉文帝沉默良久，怒火平息后才点点头说：“廷尉当是也。”廷尉说得对，就听你的吧。

你看，就这样一个普通的“惊马”交通事故，本来连“新闻”的资格都够不上，但在渭桥上惊了皇帝的马，那在当时就不仅是重大“新闻”,而且还成了正史专门记录的重大历史事件,垂范千秋万代，因为这个事件已经上升到了讨论国家法治公平的高度。

“渭桥”作为一个地标，象征了皇权，传递着政令，考见了统治者的为政得失。

一座桥，就这样与政治核心建立了紧密的关联。

那么，渭桥到底长什么样呢？虽然有人推测，在秦始皇时期，渭桥是双层的长桥，而且上层是一个密闭空间，以保障皇帝出巡时的高度私密性。可是从“渭桥惊马”事件我们可以看出，汉文帝御驾和平民出行走的是同一条通道，只不过到了御驾出行的日子才进行临时的交通管制——毕竟，皇帝出宫并非常态。正因为不是常态，这种最高级别的交通管制就不会时常演练，所以保安措施不太到位，发生“渭桥惊马”事件也就可以理解了。而这一事件也从侧面说明，渭桥上层应该并没有所谓的密闭空间来分隔普通行人和皇帝车辇。

有建筑学专业的学者根据文献记载和汉代画像砖上的图画尝试还原了渭桥的形制：秦朝中渭桥的形式可能为多跨梁式桥，筑桥时

○ 秦渭桥复原图，中南大学建筑系教授 李哲 绘

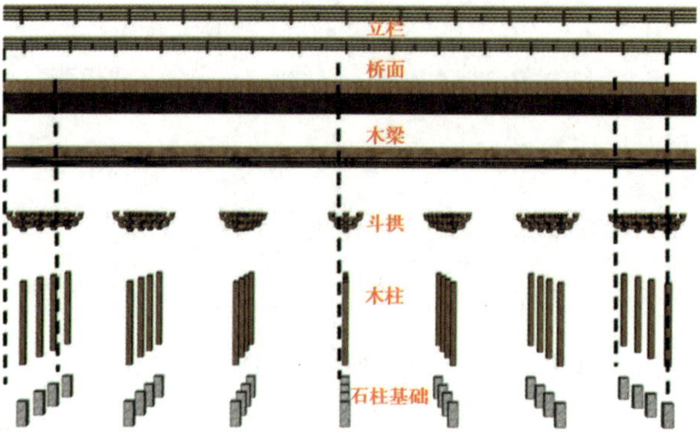

○ 秦渭桥复原图，侧视

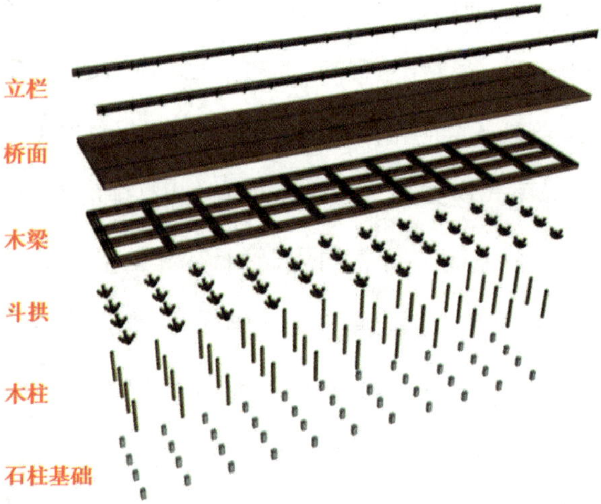

○ 秦渭桥复原图，俯视

采取桩基础，桩基础是石柱，石柱上每排置四根木柱，木柱之上为两跳斗拱，斗拱承托着木梁、桥面及立栏，桥头还立有华表（或灯柱）。桥一共有 68 孔，每孔的跨径大约为 7.8 米。秦渭桥的长度约为 527.9 米，两联边跨桥面设为斜坡道，中间诸跨桥面设为水平；与复道甬道相连，专供皇家出行，具备极高的私密性。这说明，在秦始皇那个时代，中国人建桥已经使用了桩基础，这种技术在汉代得到了进一步推广。汉唐的渭桥基本沿袭了秦渭桥的形制。

从秦汉到隋唐，渭桥作为军事与政治核心地标的重要性不仅没有降低，反而在某些历史转折性的大事件中进一步得到彰显，“鸣鞭出渭桥”的场景并非文学虚构。在唐诗中，少年英雄与渭桥鸣鞭简直是大唐军事自信与尚武精神的经典搭配。李白《塞下曲》“鸣鞭出渭桥”是如此，崔颢《渭城少年行》“两两鸣鞭上渭桥”的长安少年是如此，韩翃《羽林骑》“骏马牵来御柳中，鸣鞭欲向渭桥东”的少年儿郎也是如此……大唐的少年英雄，虽然出身贵胄，鲜衣怒马，却并非纨绔子弟，他们平时或许也会斗鸡走马、纵酒买醉、恣意风流，但一旦军情来报，他们就会毫不犹豫披上铠甲，跃上骏马，风驰电掣般冲过渭桥，仗剑去国，舍生取义，奔赴任何需要他们的地方。

响彻渭桥上空的鸣鞭声，是最让大唐子民安心的军歌——有渭桥在，有这样的少年儿郎在，国家就会平安，百姓就能安居。

渭桥与鸣鞭渭桥的白马少年，共同诠释着为国为民的大侠梦想与国士情怀。

李白还写过一首《塞上曲》，也提到了有关渭桥的故事：“大汉无中策，匈奴犯渭桥。”这个历史典故出自汉代，《汉书·匈奴传》记载，王莽时期的大将严尤认为历朝历代对付匈奴都没有上策：“周得中策，汉得下策，秦无策焉。”周宣王的时候，猃狁内侵，直逼泾阳，周王朝派兵征讨，“尽境而还”，到达边境就止步了，不再继续追击。也就是说，周王朝对付外敌的策略是：你打我，我就还击，不让你占便宜，但也不穷追猛打，所以天下还算太平。这是中策。到了汉武帝的时候呢，“选将练兵”“深入远戍”，主动出击，长途奔袭直入敌境腹地，虽然屡建战功，但敌人也并没有被完全打趴下，总在伺机报复，因此“兵连祸结三十余年”，这就有点“杀敌一千自损八百”的意思了。这是下策。李白沿用严尤的这个观点，其实是认为大汉王朝没有对付匈奴的好办法，导致匈奴军队长驱直入，中原生灵涂炭。

例如，汉代元凤三年（前78），“匈奴三千余骑入五原，略杀数千人，后数万骑南旁塞猎，行攻塞外亭障，略取吏民去”（《汉书·匈奴传》）。匈奴只要几千骑兵就能侵入五原，五原大约在今天陕西省定边县；后来又有几万骑兵向南侵扰大汉朝边境，一边行军一边进攻汉朝在塞外的城堡、哨所等，掳掠边境的官民。当然，大汉王朝也不会坐视不管，立即派遣大将出击，匈奴撤退。

显然，这样的反复征战，并不能从根本上解决中原与匈奴的问题。

可是，匈奴与中原王朝的关系，到了大唐，那可就不一样了！李白是大唐人，对大唐充满着发自肺腑的热爱与自信，他借古颂今：对付匈奴，周、秦、汉三朝都没有上策，可我大唐却处理得干净漂亮啊！

让李白感到自豪的大唐故事中，主角也是渭桥。“大汉无中策，匈奴犯渭桥”，一语双关，既说汉代，也指唐太宗时著名的“便桥之盟”。

便桥是西渭桥，又名咸阳桥。杜甫《兵车行》中有“车辚辚，马萧萧，行人弓箭各在腰。耶娘妻子走相送，尘埃不见咸阳桥”，这里的咸阳桥就是指西渭桥，是汉武帝时在渭水上造的一座桥，因为与便门相对，所以又叫便桥。

《旧唐书·突厥上》记载了这样一段历史：突厥颉利可汗继位，唐高祖李渊认为中原刚刚安定下来，还顾不上去处理外敌，所以“每优容之”，每年给突厥的赏赐不可胜计。但这样的宽容反而助长了颉利可汗的野心，使他逐渐变得贪得无厌。武德九年（626）八月，颉利可汗趁着李世民刚刚即位，朝中人心未定，亲率十万骑兵长驱直入，剑指长安，陈兵渭水便桥，也就是西渭桥北边。

大敌当前，身经百战的唐太宗不慌不乱，他亲率精兵出讨。颉利可汗派使者要求谈判，但是却提出一个无理要求：请大唐皇帝陛下屏退左右，独自一人留在军帐中与我等相谈。

这样的要求当然会遭到所有臣子的强烈反对，唐太宗却认为这样的时候绝对不能示弱，他屏退左右，军帐中只留下一位名叫安元寿的少年

○ ［元］陈及之《便桥会盟图》（局部），故宫博物院藏

护卫——这位少年才二十岁左右，却跟随李世民多年，是他最信赖的人。突厥派来的使者傲慢无礼，狮子大开口，唐太宗几番试探，确信突厥毫无议和诚意，于是他当机立断扣留了使者，少年护卫安元寿也干净利落地解决了其他随从，狠狠地给了突厥人一个下马威。随即，唐太宗仅仅带着侍中高士廉、中书令房玄龄等一行六人来到渭水边。六匹马一字排开，与陈兵十万的颉利可汗隔河谈判，谴责颉利可汗背信弃盟。

唐太宗这样举重若轻的亮相，一下子就在气势上占了上风。突厥的将领们被唐太宗声如洪钟、稳如泰山的气场所震慑，纷纷下马叩拜。

就在这当口，唐军大部队也渐次赶来，在唐太宗带领的六骑之后排兵布阵，将士们训练有素，军容威严，唐军一时军威大盛。而颉利可汗的军队本就底气不足，此刻更是委顿下来。

令众人更加惊讶的是，唐太宗这时居然轻轻一挥鞭，单枪匹马走上渭桥，他那样子是够气定神闲了，却把身后的大臣和将士们吓出了一身冷汗！只见渭桥上的唐太宗在和颉利可汗交涉着，没人能听清他们当时说了什么。但历史的结局很明了：突厥军无斗志，颉利可汗请求议和。

两天之后，太宗与颉利可汗再度会面于西渭桥上，二人斩杀白马，订立和约盟书，约定互不侵犯，颉利引兵而退。这个化解了一触即发的大战的盟约，史称“便桥之盟”。

而这，也就是李白笔下、发生在唐朝的“匈奴犯渭桥”事件。

当然，“便桥之盟”还远远不是事件的最终结局。

贞观三年（629），突厥诸部发生叛乱，唐太宗派遣部队从各路出击突厥。第二年，李靖率三千骁骑，孤军深入，进攻定襄，大破突厥，可汗仓皇逃窜。唐太宗对李靖说：“卿以三千轻骑，就深入虏庭，克复定襄，威震北狄，古今所未有，足够报当年突厥犯我渭桥的大仇了！”

再后来，颉利可汗被生擒，边境重归安宁。

看来，当年的“匈奴犯渭桥”事件虽然得以和平解决，但被人剑指“心脏”是何等的奇耻大辱，“便桥之盟”原来一直是深埋在唐太宗心中的隐恨啊！要知道，两汉以来，匈奴虽然屡屡犯边，但还从未有过兵陈渭桥、直逼长安这样的狂妄之举。如果不是唐太宗的智勇双全，既能临危不惧化险为夷，又能韬光养晦等待时机一举复仇，又怎会创造出后来的贞观之治？

我们渴望和平，但，我们从不会因为被敌人威胁而畏缩！

天宝二年（743），李白写下那一组《塞下曲》，他赞美的既是唐太宗的英武，更是无数知名和不知名的大唐英雄们。因为，当李白无数次意气风发策马飞驰过渭桥的时候，他一定在想象着自己也身处“骏马似风飙，鸣鞭出渭桥”的少年骑兵队伍中。甚至，在他描绘的那幅图景中，他很可能把自己就当成了那个一马当先鸣鞭冲过渭桥的白衣少年！

尽管，天宝二年的李白已经四十三岁！但四十三岁的李白，恰恰迎来了他一生当中“最少年”的时光！

那个少年，在渭桥上，在长安城，在一代英主唐太宗的身边，激扬文字，追逐梦想。

那个少年，骑一匹骏马，背一把弯弓，披一袭白衣，扬鞭策马，绝尘而去。在某个清晨，当他飞驰过长安城外的渭桥，在桥的那头，他也许会勒住缰绳，骏马一声长啸，白衣少年一个回眸，在他的眼神里，我们看到了挥洒青春的恣意，看到了如日初升的朝气，更看到了万里赴戎机的无所畏惧和保家卫国的无比坚定！

这就是李白笔下的盛唐，这样的盛唐，是无数个“骏马似风飙，鸣鞭出渭桥”的英雄少年共同创造的盛唐。

盛唐不曾远去，少年仍会归来。

渭水上的桥会永远见证少年英雄对盛世家国的守护！

第七集

觅句灞桥风雪天

——一生总要去踏一次灞桥的雪

大唐王朝的“心脏”长安有两条极其重要的“动脉血管”：一条是长安城北边的渭桥，这是一条被赋予了军事、政治意义的交通要道，充分彰显着挥洒少年血性的大唐尚武精神；另一条是长安城东边的灞桥，这里春季飞絮蒙蒙，冬日飞雪漫天，似乎总是弥漫着忧伤绵长的离情别绪，透露出大唐悠然清远的诗人风度。

如果说，李白的“鸣鞭出渭桥”最能体现渭桥所代表的家国情怀，那么李白的偶像——孟浩然在漫天风雪中的灞桥骑驴，就定格成了灞桥独具的诗意情韵。

关于孟浩然与灞桥的这个故事，还得从孟浩然入京开始说起。

孟浩然是湖北襄阳人，早年隐居在鹿门山。也许是长年平静而单调的生活让他对外界产生了一丝好奇，人近中年的孟浩然终于下定决心要去广阔天地里见见世面。人生的轨迹不是单一的，说不定打开另外一扇门，会收获一个全新的世界呢？

唐玄宗开元十六年（728），四十岁的孟浩然来到京城长安。有一天，他和一群小有名气的名士聚集在一处宴会。那是一个秋高气爽的日子，大家便商量以秋天的风景为主题来联句，一时间诗人们灵感奔涌，佳句频出。轮到孟浩然时，只见他轻轻捻了捻胡须，不慌不忙吟出两句："微云淡河汉，疏雨滴梧桐。"诗句一出，举座皆惊，都说："这两句既切合当下节气景致，又好像完全没有刻意修饰，自然清新淡雅，当居首位。"于是众名士纷纷搁笔，表示不敢与孟浩然一较高下，甘拜下风了。

这次联句让一个从外地来"北漂"的无名之辈孟浩然一举成名天下知，京师一时盛传"孟浩然"的人名，连当时身居高位的张九龄、王维听说后也叹赏不已，并且相继成了孟浩然的至交好友。

可是，尽管孟浩然诗名卓著，但是他的最终目的并没有达到：他希望能通过科举考试，获得皇帝的赏识，以进士的身份正大光明地进入"国家机关"任职。每每想到这条道路的艰难坎坷，孟浩然内心就未免有些怀才不遇的郁闷。

这一天正逢国家法定休假日，孟浩然又应王维的邀请到他府上做客。两人正聊得不亦乐乎呢，忽然门房飞奔来报："大人大人！皇上车驾已经到了街口，马上就要到门口了！"

王维一听，皇帝突然驾临，那还不得赶紧接驾去。于是，他一边连声唤人来给他更衣，一边赶紧嘱咐孟浩然躲到床底下去。

不一会儿，开门声、跪地请安声……门口乱成一团。唐玄宗一边大踏步走进来，一边轻松地笑着对王维说："爱卿最近又写了什么好诗啊？"

王维听皇帝这么问，灵机一动，索性趁这个机会把孟浩然直接推荐给天子岂不是一举两得？决心一下，王维再拜回答："臣最近没有拿得出手的诗，不过臣刚刚正在和最要好的诗友聊天呢。"

"你最要好的诗友？那是何人啊？"

"回陛下，襄阳孟浩然。刚听闻陛下突然驾临，来不及回避，臣让他躲床底下了。"王维一边实话实说，一边汗流浃背，生怕唐玄宗怪他孟浪。

没想到唐玄宗一听，大喜过望："哦——朕也听说过此人的名号，一直想见却没机会见到。既然他正好就在你府上，那还不赶紧请出来见一见。躲什么躲呀！"

孟浩然一听皇上召见，吓得腿都软了，只好硬着头皮从床底出来行了大礼。玄宗温和地问道："卿的诗名朕早已如雷贯耳，不知最近可有新作？"孟浩然紧张得不敢抬头，脑子里几乎一片空白，一时间只想得起前不久考进士落榜后，心情苦闷写的一首《岁暮归南山》，来不及思考，只得立马诵给皇帝听。没想到，唐玄宗听到"不才明主弃"一句，脸色大变，他盯着孟浩然，慢悠悠地说了一句："是你没有主动来求官，朕并没有要抛弃你，你为何要诬赖朕呢？！"

没有给王维和孟浩然申辩的机会，玄宗站起身来，撂下一句：

"你既然嫌朕不够英明，想回南山去隐居，那朕也不强留你。你这就请回吧。"说罢，拂袖而去。

"不才明主弃"，听上去似乎挺谦虚的：我没有什么才华，所以才被明君弃之不用啊！但显然孟浩然的言外之意恰恰相反：他当然是满腹才学的人，奈何皇帝就是看不到啊！

"不才明主弃"，正是这句充满怨气的诗断送了孟浩然的仕途。

这个听上去很像野史的故事，偏偏被《新唐书》当成正史记载下来，言之凿凿，细节俨然。

当然，成功的道路并非只有"考公务员"这一条，朝廷向孟浩然关上了大门，但广阔的山水田园却向孟浩然敞开了怀抱。孟浩然与王维被视为盛唐山水田园诗派的领袖人物，两人并称"王孟"，因此盛唐山水田园诗派又被称为王孟诗派。其中，孟浩然的名篇《春晓》，"春眠不觉晓，处处闻啼鸟。夜来风雨声，花落知多少"是我们从孩提时代就背得滚瓜烂熟的诗篇。

所谓"失之东隅，收之桑榆"，孟浩然最终没有成为一个"公务员"，却成了连李白都崇拜的大诗人。在当时，一身傲气的李白佩服过谁呀？可是，就连李白都高调宣称："吾爱孟夫子，风流天下闻！"（《赠孟浩然》）

奇妙的是，这位"风流天下闻"的孟夫子万万没有想到，他在长安的这一番奇遇，虽然是他求仕途中最憋屈的一段经历，却定格了他在众人心中最具情致的一个形象，引得无数后人不断怀想、不断追慕，甚至有无数后来的诗人宣称：不像孟浩然这样走一回长安

○［宋］夏珪《灞桥风雪图》，南京博物院藏

道，就不可能写出好诗来。

那么，孟浩然失意的长安之行，到底塑造了一个怎样的形象，引得无数诗人为之倾倒呢？

还真有这样一幅画，为我们给出了答案，呈现了一个走出长安的孟浩然。这幅画便是南宋夏珪的《灞桥风雪图》。这幅画有四个核心元素：一座孤独的桥，一场孤独的雪，一头孤独的驴，一个孤独的诗人。

从构图上看，这幅画的远处是耸峙的高山，山上堆积着皑皑白雪，一条河从山谷中蜿蜒流出，仿佛有一股凛冽的寒气从纸背直透过来，画面近处的右下角水面上横卧一座小桥，从侧面看过去，桥面呈微微的拱形，桥上也覆盖着厚厚的白雪。桥上有两个人，在前面步行的是一个小书童，正抱着书箱回头看，仿佛在叮嘱后面的主人："桥上雪这么厚，小心滑倒呀。"书童的主人骑在一头毛驴上，头上戴着风帽，弓着背缩着肩，一看就是年纪大了，体质没有年轻人那么强壮，衣服也不够保暖，一副在冰天雪地里瑟瑟发抖的样子。桥另一端的房舍旁边有几棵歪斜的枯树。画面虽然是静止的，却仿佛让我们听到猎猎北风呼啸而过，让我们就像画中人一样被刺骨的寒意冻得忍不住耸肩颤抖。

这幅名为《灞桥风雪图》的宋画，从视觉上为我们呈现了唐代以来人们心目中的诗人形象：仿佛只有骑着驴在漫天风雪中走过灞桥的人，才有资格当一个诗人！

而这个诗人，又被公认为是孟浩然。

真正在诗词中将孟浩然这一形象定格的，是北宋的大才子秦观。我们不妨来看看这首据说是秦观写的《忆秦娥》：

灞桥雪。茫茫万迳人踪灭。人踪灭。此时方见，乾坤空阔。
骑驴老子真奇绝。肩山吟耸清寒冽。清寒冽。只缘不禁，梅花撩拨。

你看，这是不是活脱脱一幅孟老夫子在灞桥上骑驴踏雪寻梅的画面啊？

当然，你也可能质疑：秦观的确写了因为被“梅花撩拨”得情不自禁要冒着漫天飞雪骑驴到灞桥上寻诗觅句的老诗人，可他并没有明说这个“骑驴老子”就是孟浩然啊！

别急，秦观没说，他的老师苏轼可是说过的。苏轼写过这样的诗句：“又不见，雪中骑驴孟浩然，皱眉吟诗肩耸山。”（《赠写真何充秀才》）苏轼还写过：“又不见襄阳孟浩然，长安道上骑驴吟雪诗。”（《大雪青州道上有怀东武园亭寄交孔周翰》）

苏轼不仅塑造了一个在雪中骑驴吟诗的孟浩然，还自说自话地给孟浩然安排了一个新的“表情包”：皱眉和耸肩。“皱眉吟诗肩耸山”，也就是皱着眉一副搜索枯肠寻诗觅句的沉思状态，肩膀冻得耸起来就像两座小山包的样子。

我们大概都有过这样的经验，风一大天气一冷，便会不自觉地耸起肩膀缩成一团，好像这样就可以增强抵御寒冷的能力。

秦观真是有样学样，既然苏老师给了孟浩然这样一个“人设”，秦观则不仅紧随其后强化了这个“人设”，“骑驴老子真奇绝。肩山吟耸清寒冽”，还更进一步将孟浩然雪中骑驴吟诗的地方定位在了灞桥：“灞桥雪。茫茫万迳人踪灭。”

苏轼和秦观这对师徒联手，共同打造了孟浩然的经典形象：在“万迳人踪灭”的灞桥上，一个骑驴踏雪寻梅的老诗人。

在这首《忆秦娥》前面，秦观还写有四句口号诗：

驴背吟诗清到骨，人间别是闲勋业。
云台烟阁久销沉，千载人图灞桥雪。

如果说，《忆秦娥》给我们呈现的是孟浩然雪中灞桥骑驴吟诗的画面感，那么这四句诗就揭示了孟浩然这一经典形象背后的精神内核：通往成功的人生道路不是只有当官这一条，像孟浩然一样放弃仕途，驴背吟诗，那才是从骨子里透出来的一种清高之气啊！南宫云台和凌烟阁分别是汉朝与唐朝悬挂功臣画像的地方。那些拜相封侯将名字和肖像供上云台烟阁的人又能怎样呢？最终还是会湮没在历史的烟尘中。反倒是孟浩然悠然走过灞桥风雪的清朗神韵，被写入诗中，绘入画中，成为千百年来人们不断仰望的样子！

虽然孟浩然也曾经试图走上那条几乎所有人都想走的仕途，通过所有人向往的成功来证明自己的成功，但他最终选择了“红颜弃轩冕，白首卧松云”的归隐生活，成为那个时代的一股清流。

《新唐书》还记载了孟浩然的另一个故事，这个故事，大约发生在他从灞桥走出长安以后。

自从长安之行受挫之后，孟浩然本来已经断了入仕之心，但是荆州大都督府长史兼襄州刺史韩朝宗觉得自己的治下有孟浩然这样的饱学之士，却不能为朝廷所用，实在可惜了，于是再三来劝说孟浩然。孟浩然不好拒绝韩朝宗的一番好意，便与他约定了再度启程赴长安的日期。

韩朝宗素来以慧眼识珠、举荐能人贤士著称。李白为了当官，还专门给韩朝宗写过一封自荐信，也就是著名的《与韩荆州书》。李白的自荐信中说到韩朝宗当时的盛名：天下的读书人聚在一起，谈到韩朝宗的时候，都众口一词地表示，“生不用封万户侯，但愿一识韩荆州”。可就是这个韩朝宗，偏偏眼光挑剔，阅人标准独特，李白这样豪迈率性的天才诗人居然入不了他的法眼，那封文采飞扬的自荐信仿佛石沉大海，一点回响都没有。

而这个眼光挑剔的韩朝宗，偏偏对孟浩然青眼有加。要是换了别的读书人，这该有多么激动啊！可是孟浩然呢，随口答应了韩朝宗要随他一起去京城谋职，到了约定的那天，一位多年未见的故人突然来访，孟浩然与故交好友欢聚畅饮，竟把与韩朝宗约定的事忘到了九霄云外。旁人忍不住提醒他：“浩然兄，你不是和韩公约好了要去京师觐见皇帝吗？这可是你的终身大事，可别误了时辰啊！”那位好友一听，也赶快劝孟浩然别再喝了，赶紧动身赴约。孟浩然却不以为意地笑道：“管他什么当官不当官呢，能和兄弟们自由自在地在一起，这才是最重要的。何况我们已多年未见，岂能为求官而冷落了朋友！”最终还是没有动身。孟浩然此举把韩朝宗气得不轻。可得罪了韩朝宗，孟浩然却满不在乎，毫无悔意。

孟浩然这种清高傲然的气节，与李白“天子呼来不上船，自称臣是酒中仙”的豪迈不羁多么相近。难怪第一次见到偶像的李白，会像个“小迷弟”一样拜倒在孟浩然轩昂的气度之下，为他们历史性的会面写下“吾爱孟夫子，风流天下闻”的名句。

孟浩然就这样，不仅成了李白的偶像，而且还成了同时代和后代诗人寻诗觅句甚至绘画的“灵感元神”。例如孟浩然的好朋友王维就曾画过一幅《孟浩然马上吟诗图》，据说，画中的孟浩然虽然一袭简单的白衣布袍，但他骑在高高的马上，风神清朗，气韵翩然，马后还跟着一名抱书箱和古琴的书童。遗憾的是，王维的画作没有留传下来。到了晚唐及宋代的诗词与绘画作品中，孟浩然逐渐被塑造成了一位骑驴的老者形象。例如晚唐诗人唐彦谦的《忆孟浩然》中就有“雪晴驴背兴无穷”的描写，再到宋代苏轼、秦观师徒这一通“神配合”，孟浩然在灞桥骑驴踏雪吟诗的形象就被“实锤”了。连后来南宋的大诗人陆游也宣称：你想要写好诗吗？那就去“觅句灞桥风雪天”（《作梦》）吧。

宋代之后，以孟浩然灞桥骑驴踏雪为主题的画作层出不穷，孟浩然俨然成了诗人、画家寻找诗思灵感的不竭之源。

请注意！宋时的长安已经不是京城，许多宋代诗人、画家根本没有去过长安，更没有踏上过灞桥，可是他们依然齐刷刷地将诗意的目光投向了那个灞桥骑驴的孟浩然。

那么，问题来了！

为什么一定是孟浩然，而不是李白王维白居易？为什么一定是骑驴，而不是骑马坐车行船？为什么一定是在雪天，而不是雨天或雾天？为什么一定是在灞桥，而不是在渭桥枫桥二十四桥？

我们不妨先来回答为什么是灞桥这个问题。

首先当然要从地理位置说起。灞桥和渭桥一样，是长安城的门户，也是人们进出长安城的地标式通道。

长安城最重要的两座桥，一是长安城北的渭桥，一是长安城东的灞桥。灞桥本作霸桥，横跨于灞水之上。灞水，又名霸水，是渭河的支流，古名滋水，秦穆公称霸时改滋水为霸水，“以显霸功”（《水经注》）。

古代的时候，长安与关东有三条要道，沿渭水南岸经函谷关的函谷道主要起到联结长安城与黄河下游、江淮等区域的作用，进而可北至辽左，南及福州；沿灞水、丹江经武关的武关道向东南可达荆州、岭南等地；经东渭桥蒲津关的蒲津道则是通往太原、朔州的交通要道。

出入这三条官道的必经之地就是灞桥。从地理位置的重要性来说，灞桥是连接唐长安城与全国各地的交通咽喉，“此地最为长安冲要，凡自西东两方而入出峣、潼两关者，路必由之”（程大昌《雍录》）。可以想象，这样的交通枢纽，当然是车水马龙、川流不息，是无数人怀着梦想奔赴的地方。刘禹锡关于灞桥的两句诗充分地展现了灞桥交通繁忙的景象：“行车无停轨，流景同迅波。”（《请告东归发灞桥却寄诸僚友》）桥边风景也十分优美宜人，唐代诗人郑谷的诗句“和烟和雨遮敷水，映竹映村连灞桥”（《小桃》），勾勒出一派诗情画意的灞桥美景。

古灞桥最早建于何时，已经没有确凿文献可考，但根据茅以升等学者推测，早在秦始皇时期就很可能已存在灞桥。《汉书·王莽传》记载地皇三年（22）二月，“霸桥灾”，灞桥遭遇火灾，“火烧霸桥”，“桥尽火灭”，而且当时桥下有居民房舍，“或云寒民舍居桥下，疑以火自燎，为此灾也”。很可能是桥下居民用火不慎引发的火灾。王莽还曾将此桥改名为“长存桥”。隋开皇三年（583），灞桥被南移重建，形制为联拱石拱桥，靠近汉文帝灞陵，因此又被称为灞陵桥。

正因为灞桥扼住长安东的咽喉处，所以这里从汉代以来就成为迎来送往的交会地。“灞桥，在长安东，跨水作桥。汉人送客至此桥，折柳赠别。”（《三辅黄图》）隋唐时期，这里不仅是送别之地，桥头设驿站，名灞桥驿，又名滋水驿。又因灞水两岸遍植柳树，折柳赠别在唐朝蔚然成风，成为送别诗词中常见的情景，灞桥还因此获得了一个更诗意却也更悲伤的别称——销魂桥（《类编长安志》）。因为南朝才子江淹的《别赋》曾写道：“黯然销魂者，唯别而已矣。”送别，是唐诗宋词中永恒的题材，也是最能引发真情、深情、悲情的题材之一。李白的《忆秦娥》词中就有“年年柳色，灞陵伤别”的句子，这里柳树成荫，每到春天，柳絮蒙蒙随春风轻舞，就好比漫天飞雪，因此形成了著名的关中八景之一——“灞柳风雪”。

想想看，在灞水岸边折下一枝青青杨柳，送给即将远行的人，然后站在桥上，看着他或她的背影在蒙蒙飞絮中渐行渐远，那是不是一幅忧伤而优美的图景呢？

可见，无论是地理位置的重要性，还是自然风光的迷人，灞桥都是唐诗中不可替代的极致的美。

就这样，从唐代以后，诗人们便形成了一个共识：想要写出动人心弦的好诗吗？那就骑上你的小毛驴，去灞桥踏一次雪吧！

这个共识的首倡者是唐昭宗时的一代名相郑綮。相传曾经有人故意问郑綮："相国最近写了新诗没有啊？"

郑綮回答："诗思在灞桥风雪中驴子上，此处何以得之？"

郑綮的言外之意不难理解：坐在宰相的办公桌前，忙着处理堆积如山的公文，忙着会见有各种诉求的各色人等，成天忙得头昏脑涨，哪里还写得出情景交融、情真意切的好诗来？我这相府又不是灞桥，哪来的诗思？哪来的灵感？哪有时间写诗？

真正的好诗、真正的一流诗人，必须得到大自然的"江山之助"，必须去亲身经历人生的跌宕起伏，必须拥有承受孤独的力量。多姿多彩的自然山水与承受苦难的人间至情，那才是成就不朽诗人的源头活水。这才是"诗思在灞桥风雪中驴子上"的真意。

有意思的是，开元十五年（727），大唐王朝进士考试的试题之一就是写一篇《灞桥赋》，以"水云晖映，车骑繁杂"为韵。唐朝著名诗人王昌龄就是在这一次"高考"中一举高中成为新科进士。

试问，还有什么主题比成为"高考"试卷命题作文更加引人关注呢？灞桥地位的重要性想必用不着我们反复强调了。

回答了为什么必须是灞桥的问题，其实我们也同时回答了为什么一定是雪天，而不是晴天雨天或者雾天的问题。因为这里的“雪天”既有可能真的指漫天飞雪的冬天，也有可能指漫天飞絮的春天，因为柳絮飞舞如漫天飞雪，雪花飞舞又如漫天柳絮啊。

但，无论是温暖的春，还是寒冷的冬，孤独的远行，都会引起我们内心深处强烈的、依依不舍的离别之情，正所谓“灞陵桥上杨花里，酒满芳樽泪满襟”（郑谷《作尉鄠郊送进士潘为下第南归》）。

接下来，我们再回答为什么是孟浩然，而不是李白、王维或者白居易，以及为什么一定要让孟浩然骑驴，而不是骑马或坐车的问题。

答案其实也很简单，因为只有孟浩然同时具备“三高”：才高、韵高、名高。才高指的是孟浩然天赋诗才。韵高指的是他归隐山林、甘于贫寒不慕荣华的气韵让人心生仰慕而且难以复制。仕途的失意，并不会磨折灵魂的清高，孟浩然就是这样一位灵魂飘溢着香气的诗人。名高指的是连王维、李白等这样的朝廷勋贵或者“顶流”诗人都对他赞叹有加甚至视他为偶像，这样的名望无人能及。

至于为什么让孟浩然骑驴，答案同样简单。因为在古代，驴是文人的标配，尤其是贫寒文人或者隐士的标配。马，则是军人出征的标配，或者富人、达官贵人出行的标配。你看陆游从前线“退役”回到后方的时候，就曾经这样感慨过：“此身合是诗人未？细雨骑驴入剑门。”（《剑门道中遇微雨》）陆游这是在不甘心地向命运发出质问：难道这辈子我就不能当一名战士骑着战马驰骋疆场吗？我就注定只能当一名文绉绉的诗人，在纤纤细雨中骑着小毛驴吟诗入剑门吗？王安石在退休之后，也像普通老农夫一样骑着一头小毛驴，不认识的人看到他，绝对想象不出这个骑毛驴的老头，居然曾经是那个叱咤风云的铁腕宰相。

因此，尽管灞桥是《全唐诗》中的常见意象，李白、岑参、刘禹锡、李商隐……无数诗人都曾策马或骑驴从灞桥上经过，但几大因素综合考量下来，只有孟浩然才可以成为灞桥骑驴踏雪形象代言人的不二人选，成为唐代以后诗词与绘画不断演绎的重要题材，再也无人可以替代。甚至到了元代骆天骧的《类编长安志》中，灞桥就被明确标为“孟浩然骑驴处”。“作为诗人、寒士与高士等多重身份的交织，孟浩然形象在‘灞桥风雪驴背’的语境中得到重新阐释与再创造，成为宋人笔下必然的‘灞桥骑驴’诗人。”[1]

①尚永亮、刘晓：《“灞桥风雪驴子背”——一个经典意象的多元嬗变与诗、画解读》，《文艺研究》2017年第1期。

其实，孟浩然当时究竟骑的是马还是驴已经不重要了，他当年走过灞桥的时候是漫天飞雪还是晴空万里也不重要了，甚至，走上灞桥是不是孟浩然自己的意愿也不重要了。总之，历史已经认定，灞桥风雪中驴背上苦苦寻觅诗歌灵感的那个诗人，他就是孟浩然！

让我们再回到秦观那首《忆秦娥》上来吧。

灞桥雪。茫茫万迳人踪灭。人踪灭。此时方见，乾坤空阔。

骑驴老子真奇绝。肩山吟耸清寒冽。清寒冽。只缘不禁，梅花撩拨。

或许，只有在“万迳人踪灭”的灞桥风雪中，你才会在江山灵气的感染之下，意识到宇宙乾坤的辽阔高远，才会放下人世间蝇头小利的斤斤计较，于豁然开朗间诗思泉涌。那个在灞桥上踏雪寻梅的骑驴老者孟浩然，从容徜徉于凛冽的清寒之中，呈现出那样孤高清傲的绝世风姿，千载之后，仍令人心向往之：那是对江山自然的真心赏爱，那是对世情百态的深切体验，那更是对理想境界的执着寻觅。

“诗思在灞桥风雪中驴子上”，正因为有了这样的共识，大唐王朝的京城长安就在唐诗中拥有了一文一武两座象征性的桥梁：文的是灞桥，武的是渭桥。而这两座桥梁，又象征着大唐王朝崇文尚武、文武并重的国家精神。

策马鸣鞭渭桥，是为了捍卫家国；骑驴吟诗灞桥，领略的是人情冷暖。

所以，这一生，让我们一定要去灞桥踏一次雪，折一次柳，在灞桥风雪中找回一个纯真的自我！

第八集

篮舆上洛桥

——总有一座桥于万丈红尘中许你诗意栖居

这一讲在分享桥梁背后的传奇故事之前，我想先和大家分享近两年的一组数据。根据中国民政部发布的《2023 年民政事业发展统计公报》，截至 2023 年底，中国 60 周岁及以上的人口有 29697 万人，占总人口的 21.1%，其中享受高龄津贴的老年人口超过 3500 万。这组数据意味着什么呢？意味着我们将要更加用心、更加用力地来解决养老的问题。在众多的养老方案当中，比如家庭养老、社区养老、机构养老等，有一种方案无疑是特别有吸引力的，是什么方案呢？

“抱团养老”！

说实话，我个人对“抱团养老”也有着某种隐隐的期待，我认为的抱团养老的理想状态是：几个有着多年交情、年龄差距不太大、彼此熟悉又志趣相投的朋友相约住在同一个区域，距离不能太远，最好打车半小时至一小时就能见上面，各自有相对独立的家庭生活，各自有能够保障自己生活的养老金而不需要依靠子女，当然还有一个前提是必须有可以生活自理的健康状况。这样的几个老年朋友，可以隔三岔五约着一起组个饭局、看个电影、开个读书沙龙，一起租个车去郊外踏青，或是各自家庭生活中发生了什么有趣或者让人难过的事，都可以一起分享或分担，这样的老年生活才会不寂寞，甚至还颇有情趣——没有了工作的压力，有更充裕的时间来感受生活，来发展自己的兴趣爱好，这样的“抱团养老”还挺值得期待的。

不要以为“抱团养老”是当代人才有的“福利”，其实早在唐朝，这样的“抱团养老”就已经是很多老年人的理想了。而且在那些“抱团养老”的人当中，有一个“养老团”尤其令人羡慕，而其中的灵魂人物之一就是大诗人白居易。

那么，与白居易“紧紧抱成一团”，享受着丰富多彩的老年生活的人有哪些呢？他们选择“抱团养老”的地方又在哪里呢？答案在下面这首诗里：

水南秋一半，风景未萧条。
皂盖回沙苑，篮舆上洛桥。
闲尝黄菊酒，醉唱紫芝谣。
称意那劳问，请钱不早朝。

这首诗当中出现了一个地名，就是白居易“抱团养老”所在城市的地标性建筑——洛桥。洛桥在哪里？顾名思义，洛桥在洛阳。洛桥就是洛阳天津桥，因为架在洛水上，所以又被称为洛桥。

没错，白居易精心挑选的养老城市就是洛阳。自唐文宗大和三年（829），五十八岁的白居易以太子宾客分司东都，到唐武宗会昌六年（846）病逝，他定居洛阳，安顿了自己最后十七年的岁月。

十七年！在岁月长河中仿佛弹指一挥间。可是，对于一个已入暮年的人来说，十七年仍然是一段值得珍惜的漫长岁月。白居易一生经历了九个唐朝皇帝，目睹了中唐以后因宦官跋扈、藩镇争权而产生的政治斗争，也目睹了一个又一个皇帝的软弱与无能，早年的政治雄心在屡次打击下渐渐消退，秉性刚正的白居易不愿意为了功名利禄而去充当宦官的走狗或者藩镇的帮凶，他宁可退居东都洛阳，在远离政治中心的偏僻一隅找回一个诗人简简单单的快乐。

在逐渐衰老的暮年生涯中，洛阳的生活也不完全是阴沉落寞的。晚年的白居易感受到人生最大的快乐莫过于和好朋友“抱团养老”。一大批新老朋友相继在这里逗留，与白居易诗酒唱和，纵情山水，这样的养老生活真是丰富多彩呀。

那么，和白居易“抱团养老”的核心成员有哪些呢？答案在这首诗的诗题中：《和令公问刘宾客归来称意无之作》。

这个题目中提到了两个人，这两个人可都是那个时期响当当的大人物！第一个人：“令公”，指的是裴度。

裴度是中唐时期的一代名相，他在唐宪宗、穆宗、敬宗、文宗四朝多度入相，位极人臣，是勋业卓著的杰出政治家、军事家，作为宰相的他几乎获得了皇帝能够给予的最高规格的信任与礼遇，但裴度绝对不是一个贪恋权位不知进退的人，他很懂得急流勇退的道理。晚年的裴度虽然没有正式退休——朝廷也不让他退休，但他选择在洛阳修建了一座非常奢华的绿野堂。不过，裴度可不是为了炫富，而是为了向朝廷和天下宣告他已“躺平”：你们不用再把我当成权力与名位的竞争对手，我这辈子啊，就准备安享晚年富贵了，早就没有什么政治野心啦，你们放心好了！

裴度在洛阳虽然也有这样那样的公事，但毕竟远离了政治中心，闲暇时光也就多了起来。大把的业余时间该怎么度过呢？“与诗人白居易、刘禹锡酣宴终日，高歌放言，以诗酒琴书自乐。”（《旧唐书·裴度传》）宴请朋友一同吟诗喝酒弹琴，这富贵闲人的日子过得美滋滋的。以裴度的声望，当时的名士谁不向往洛阳？以至于每次唐文宗见到从洛阳回到长安的人士，都忍不住先问一句：“卿见裴度否？”连唐文宗都羡慕裴度的悠闲富贵啊。

裴度，就是白居易“抱团养老”队伍中地位最尊贵、在政坛上最有号召力的一位。白居易和裴度之间往来唱和的诗非常多，我们熟悉的那句“桃李满天下”就出自白居易应和裴度的诗《奉和令公绿野堂种花》：“令公桃李满天下，何用堂前更种花？”称颂裴度门生众多而且个个优秀，已经桃李满天下了，还用得着在绿野堂种花吗？

裴度的宅子在洛阳集贤坊，距离白居易定居的“小区”履道坊相距仅仅“一百三十步”（白居易《和刘汝州酬侍中见寄长句因书集贤坊胜事戏而问之》自注），所以白居易在诗中说自己和裴度是“履道集贤来往频”，“百余步地更相亲”，这简直是“抱团养老”的最佳距离。

诗题《和令公问刘宾客归来称意无之作》中出现的第二位核心成员是“刘宾客”，也就是和白居易在诗坛齐名、并称“刘白”的刘禹锡。

开成元年（836），六十五岁的刘禹锡因为足疾回到洛阳，以太子宾客分司东都，此后，刘禹锡和白居易一样，再也没有离开过洛阳。

刘禹锡也回洛阳了，白居易那个开心啊！他甚至写过两句诗来表达这种欣喜若狂的心情：“甲子等头怜共老，文章敌手莫相猜。”（《喜梦得自冯翊归洛兼呈令公》）刘禹锡和白居易同岁，“怜共老”就是要“抱团养老”的意思了。“文章敌手”啊！“文友诗敌”刘禹锡一回来，白居易就兴奋地规划、想象起他们一起诗酒唱和、你来我往的美妙时光了。白居易的《和令公问刘宾客归来称意无之作》就写于刘禹锡定居洛阳的这一年。

那么，白居易所规划的在洛阳的生活应该是什么样子的呢？

答案同样在这首诗里。首先诗题就很有意思：《和令公问刘宾客归来称意无之作》，这说明，刘禹锡回到洛阳之后，他们的聚会就相当频繁了。白居易和刘禹锡是裴度绿野堂的常客。白居易和刘禹锡同年，裴度比他们年长七岁，是他俩的老大哥。也许是裴度先写了诗问候刘禹锡：老刘啊，你觉得回洛阳后的生活还称心如意吗？

白居易呢，就和了裴度这首诗，老实不客气地代刘禹锡回答裴度的问候，这首和诗的核心意思就是："裴公啊，那还用得着问嘛，老刘肯定过得称心得很啊！"

白居易凭什么这么笃定地说刘禹锡回洛阳的生活就一定是称心如意的呢？我们不妨来看看这首诗是怎么写的。

"水南秋一半，风景未萧条。"首先说洛阳的自然条件好。水南就是洛水之南，虽然秋已过半，但草木还没有完全凋零，洛阳风景还有着秋天独特的韵味。"皂盖回沙苑，篮舆上洛桥。"皂盖指的是唐朝官员用的黑色蓬伞，是一种身份的象征。沙苑则是同州的代称。刘禹锡在回洛阳之前担任的是同州刺史，同州的州治在今天陕西省大荔县，沙苑就在大荔县南，靠近渭水。篮舆就是轿子的意思，一般是竹制的，由人力来抬。所以白居易这两句诗的意思是说，老刘就要从同州回来啦，他坐着轿子上了洛桥。

那么，洛桥又是一座什么桥呢？

洛桥，也就是天津桥，又名津桥、洛阳桥，横跨于洛水之上。天津桥始建于隋炀帝大业元年（605），最初是一座铁索木制浮桥，"用大缆维舟，皆以铁锁钩连之"。但是浮桥不太牢固，每次洛水涨水，浮桥就会被不同程度地损坏。唐贞观十四年（640），天津桥重建为石墩木梁桥，取银河渡口之意，名为"天津桥"（《元和郡县图志》）。

天津桥的地理位置相当重要。唐代人从西京长安到东都洛阳，天津桥是必经之路，当年唐高宗还东都，"百官见于天津桥南是也"（《唐两京城坊考》），可谓东都洛阳第一桥！在洛阳城内，天津桥位于城南北与东西两条中轴线的交会点，是洛阳“中心之中心”。洛水从洛阳中部横穿而过，将洛阳城一分为二，天津桥北接皇城，向南连通主街和住宅区域，既处于洛阳权力中心之侧，又紧邻繁华热闹的坊市。而白居易住的履道坊，裴度住的集贤坊等官员文人的住所大多就在洛阳城东南部。天津桥也是百官往返皇城与居所之间的必经之地。白居易就曾经将天津桥戏称为“官桥”，“官桥晴雪晓峨峨，老尹行吟独一过”（《雪后早过天津桥偶呈诸客》）描绘的正是诗人清晨打马途经天津桥去上班的图景。这两句诗写于大和五年（831），当时，六十岁的白居易正担任河南尹一职，是主宰一府的地方长官，公务相对繁忙，这才有了一大早经过天津桥去上班的经历。

我们再回到白居易的诗中来：“皂盖回沙苑，篮舆上洛桥。”真是一语双关，既点明了刘禹锡从同州回到洛阳的地理行迹，又暗示了刘禹锡由官而隐的人生转折。我觉得，白居易这里用“篮舆”倒未必是为了点明刘禹锡此行乘坐的交通工具，他在这里可能是化用了陶渊明的一个典故。

陶渊明有足疾，出行大都乘坐晚辈抬的轿子：“使一门生二儿轝篮舆。”（《宋书·陶潜传》）陶渊明归隐之后，江州刺史王弘久仰他的大名，很想结识他。王弘出身高贵的名门世族，他是东晋丞相王导的曾孙，多少人想巴结他都找不到门道，可偏偏这个傲气任性的陶渊明，对名门权贵毫不在意，王弘多次派人向陶渊明表达想要结交意愿，都被陶渊明不冷不热地回绝掉了。直到有一回，陶渊明要去庐山，王弘事先得知了消息，暗中派了陶渊明熟悉的一个老朋友等在半道上，当然还带上了全套酒具和美酒。陶渊明坐着“篮舆”，在去庐山的半道上“意外”遇见老朋友，自然是惊喜不已，

○［清］石涛《渊明诗意册页——若复不快饮，空负头上巾》（局部）

当即和老友对饮起来。酒至半酣，王弘突然现身，陶渊明这才知道这场“意外”原来是王弘和老朋友合谋制造的，不过他也不以为意，于是一起开怀畅饮，尽欢而散。陶渊明从此也就认了王弘这个朋友。有一年九月初九重阳节，正是要登高望远、赏菊饮酒的时候，可偏偏陶渊明家里又没酒喝了，他只好一个人百无聊赖地踱出家门，在家门口附近的菊花丛里呆呆地坐着，心中尽是郁闷。这时突然来了一个身穿白衣的人，称自己是王弘派来送酒的使者，陶渊明心中的郁闷顿时一扫而空，接过酒来一饮而尽，这才过了一个痛快淋漓的重阳节。

白居易可是陶渊明的“铁杆粉丝”，恰好刘禹锡也是因为足疾辞官回洛阳的，所以他在诗中巧妙地化用陶渊明因足疾而坐篮舆的典故，还顺带含蓄地夸赞了刘禹锡颇有陶渊明那种高洁傲世的隐士风范。而且等刘禹锡回到洛阳，他们也可以像陶渊明那样与友人相聚畅饮啦。于是接下来的两句就是畅想他们相聚的美好时光了：“闲尝黄菊酒，醉唱紫芝谣。”

这句中的“紫芝谣”又源自一个典故，这个典故出自汉代初年汉高祖刘邦时期，而且也与那个时期另外一个著名的“抱团养老”团有关，那就是“商山四皓”的故事。

商山四皓是秦末汉初著名的四大隐士：东园公、甪（lù）里先生、绮里季、夏黄公。汉高祖病重时，曾一度想废太子，改立最宠爱的戚夫人所生幼子刘如意。吕后因此非常焦急，她听从了张良的建议，在一次宴会上请来了商山四皓陪侍太子。这四位隐士都已经是八十

○［北宋］李公麟《商山四皓　会昌九老图》（局部）

多岁高龄的老人了，“须眉皓白，衣冠甚伟”（《史记·留侯世家》），刘邦一见到这四老，非常诧异：商山四皓隐居多年，早已不问世事，一般人根本不可能请动他们，可是这四位高士这次为什么一齐出山了呢？刘邦于是问道：“四位老先生，多年来我想请您四位出山，可是您四位总是躲着我，现在为何却甘愿追随我的儿子呢？”四人异口同声地回答：“那还不是因为太子为人仁孝，恭敬爱士，天下人都愿意为太子赴汤蹈火万死不辞，所以我们愿意追随太子啊。”

刘邦见连商山四皓都成了太子的羽翼，可见天下的人心向背，废太子必定天下大乱，只好彻底打消了改立太子的念头。

商山四皓本是秦朝的博士，因为秦朝焚书坑儒，暴虐无道，四皓不肯随波逐流同流合污，于是一起唱着“晔晔紫芝，可以疗饥”

的歌谣，退隐山林，甘于贫寒，再也不问世事。

白居易连用陶渊明和商山四皓两个典故，欢迎刘禹锡归隐洛阳的意思简直再明显不过啦。

当然，在洛阳“抱团养老”的精英群里不止裴度、白居易、刘禹锡这三个人，但能够兼具政坛和文坛的领袖地位，裴度、白居易、刘禹锡这三人无疑是极具代表性的，可以说是洛阳养老团队的核心“铁三角”。那么，这三位抱团以后，日子过得怎么样呢？我想再说两个小故事，大家就能大致了解他们在一起相处的状态了。

有一年冬天下大雪，裴度在家中闷得发慌，就写了一首诗分别送给白居易和刘禹锡等人，抱怨他们偷懒不来自家聚会：“满空乱雪花相似，何事居然无赏心？”意思是说，这么漂亮的一场大雪，你们这些老家伙，居然一点赏雪的雅兴都没有吗？你们这些人，简直太无趣了！这首诗的题目是《雪中讶诸公不相访》，一个“讶”字，活脱脱勾勒出一个满腹牢骚的老顽童形象，哪里还有一个四朝宰相的正经样子！

可是，大家别被裴度的“撒娇撒泼”给迷惑了，误以为白居易和刘禹锡真的很久没与他相聚，事实上，他们前一天还在裴度家聚过。“忆昨雨多泥又深”，昨天明明下大雨路上泥泞得很，你们这些老家伙还深一脚浅一脚跑过来找我玩儿；今天雪花漫天飞舞，景致这么美，你们怎么反倒偷起懒来了？老夫我今天兴致很高，你们偏偏一个个躲着不来陪我，一点都不善解人意！

面对裴度这样“胡搅蛮缠”，白居易和刘禹锡又会怎么回应呢？

那当然是兵来将挡水来土掩啰。老大哥发脾气，小老弟们可不敢怠慢，这不，刘禹锡率先回信了：“玉树琼楼满眼新，的知开阁待诸宾。迟迟未去非无意，拟作梁园坐右人。”（《答裴令公雪中讶白二十二与诸公不相访之什》）刘禹锡是什么意思呢？他说，下雪了，令公家里肯定是玉树琼楼，满眼好风光啊，我就知道您肯定会遍邀我们这些老家伙，我之所以迟迟没有去，就是想等着您下请帖来郑重邀请啊！“梁园”指汉代梁孝王建造的皇家园林，这里当然是借指裴度在洛阳的豪华府邸了。“坐右人”，本来是指梁孝王召集文友在梁园雅集赏雪时，当时的第一才子司马相如最后一个赶到却坐在了右边的位置，那当然是最尊贵的贵客的座位。你看，这刘禹锡也是大言不惭，用梁孝王比裴令公，更是把自己比作了汉代第一才子司马相如。

既然刘禹锡都把自己当成“坐右人”司马相如了，那白居易又当如何呢？

我们再来看看白居易的回信：“雪似鹅毛飞散乱，人披鹤氅立徘徊。邹生枚叟非无兴，唯待梁王召即来。”（《酬令公雪中见赠讶不与梦得同相访》）白居易比刘禹锡谦虚多了：令公啊，我也正披着鹤氅一边赏着雪一边想念着您，正像当年梁孝王的门客邹帅哥（邹阳）、枚老头（枚乘）一样，等着您的召见啊！您随叫随到，等着我啊！

这三个老头可爱吧？谁能想到，这样的老顽童竟然都是在位的朝廷高官？这三位可都是经历过政坛的惊涛骇浪、经历过生死考验的大智者、大人物啊！可是，当他们“抱团养老”的时候，就好像那些惊涛骇浪都已经成了过眼烟云，他们又重新回到了调皮捣蛋的童年时光。

其实，裴度这老顽童的脾性老早就充分展现过了。早在宝历二年（826），白居易从苏州刺史任上罢归洛阳的时候，从苏州带回一对华亭白鹤，还有一些太湖石。大和元年（827）白居易入京任职，就将白鹤留在了洛阳。可是，他待在长安也不安心，总是惦念着那一双白鹤。刘禹锡恰好在大和元年的时候去洛阳，便顺道去看望了白居易留在洛阳的家人，谁知白鹤们一见刘禹锡，竟然像是认识他似的。原来是因为白居易从苏州回洛阳经过扬州的时候，恰好碰到了也经过扬州的刘禹锡，两人在扬州一同游玩逗留了半个月，所以刘禹锡认识这对白鹤，而白鹤似乎也认出了他，“徘徊俯仰，似含情顾慕”。刘禹锡见此情此景，于是诗情勃发，赶紧写了两首《鹤叹》寄给白居易，说“寂寞一双鹤，主人在西京”，还调侃白居易：你在西京长安，天天鸡鸣即起，日日早朝，早就忘了那一双对你一往情深的白鹤了吧！

刘禹锡这诗一写，白居易园子里藏了一对白鹤的事儿可就瞒不了裴度了。裴度于是赶紧写了一首《白二十二侍郎有双鹤留在洛下予西园多野水长松可以栖息遂以诗请之》，意思是：老白啊，你太不够意思啦，听说你居然在洛阳养了一对白鹤？！你自己又老是在长安耽搁着，你就不怕白鹤太寂寞？你也太狠心啦！你住的那地方又小，一双鹤困在里面太憋屈了，你又舍不得把它们放归自然，那不如送到我的园子里来“寄养”吧，让我来好好照顾它们。我家地方那么宽敞，有水有树，那才是白鹤理想的家园呢。你要是想你的白鹤了，就到我家来探望，我家的大门随时向你敞开！

这哪里是“以诗请之”，简直就是“巧取豪夺”啊！

白居易当然舍不得千里迢迢带回来的白鹤，可是裴度是老大哥啊，老大哥开了口，他还能拒绝不成？只好忍痛割爱，从此一双白鹤成了裴度园中的新宠。为此，还滞留在长安的白居易，就像送女儿出嫁一样，专门给鹤们写了一首赠别诗，谆谆嘱咐了一番，先是告诫鹤们要懂得感恩，裴令公爱上了你们，这是你们的福气啊：“司空爱尔尔须知，不信听吟送鹤诗。”接着他还说，你们现在去了裴相身边，那可是攀了高枝了，你们要好好珍惜这样的幸运呀：“稳上青云勿回顾，的应胜在白家时。”（《送鹤与裴相临别赠诗》）你们现在平步青云了，就不用舍不得我老白了，你们在裴家肯定要比在白家过得好得多啊！

一听说裴度成功“抢走”了白居易的鹤，看热闹不怕事儿大的刘禹锡又起哄了，他写了一首《和乐天送鹤上裴相公别鹤之作》，再往白居易的伤口上撒了一把盐，故意说这一双鹤进了裴家的园子，那可真是如鱼得水，裴相的园子也是锦上添花啊：“双舞庭中花落处，数声池上月明时。”这样的美景就成了裴相的专属，你老白家的园子里可再也欣赏不到啰。

白鹤到了裴家，白居易在长安就再也待不住了，归心似箭啊！再不回去，保不齐家里别的宝贝也被老裴、老刘、老张、老令狐这

○［南宋］马兴祖《香山九老图》（局部），美国弗利尔美术馆藏

帮老家伙们看上，你拿一块石头，我搬一盆莲花，他挟一张古琴，都抢了去。大和三年（829），白居易心急火燎地回到洛阳家中，写了一首《问江南物》。他一回洛阳，第一时间想到的不是安顿自己的生活，而是一一检点自己从江南带回来的宝贝都还好吗："归来未及问生涯，先问江南物在耶？"还好还好，宝贝们基本还在，唯一的憾事，只有那一双白鹤，一想起来，心里头那个痛啊："别有夜深惆怅事，月明双鹤在裴家。"

想想看，裴度、白居易、刘禹锡这样的"抱团养老"是不是很有趣呢？日子原本是单调乏味的，可他们之间的无数趣事，让日子变得有声有色、有滋有味。所以白居易才会在诗中说，裴公啊，你就不用担心刘禹锡回洛阳后过得开心不开心啦，"称意那劳问，请钱不早朝。"自从刘禹锡"篮舆上洛桥"之后，他就过上了"请钱不早朝"的惬意日子了。

就这样，裴度、白居易、刘禹锡等一大群政坛、文坛大咖会聚洛阳，洛阳虽不是京城，却营造出了不同于京城的文化韵味，而这样的韵味又集中地体现在洛阳的地标建筑——天津桥上。有一个现象特别

值得一提，在《全唐诗》所有写到具体的桥梁的诗篇中，天津桥出现的频率高居第一，遥遥领先于居第二的渭桥与居第三的灞桥。

天津桥“出镜率”这么高，一跃成为大唐王朝桥梁世界里最耀眼的主角，最大的功臣应该归属白居易。白居易是写到“天津桥”次数最多的诗人。

你看，白居易春天要去天津桥寻找写诗的灵感，“津桥东北斗亭西，到此令人诗思迷”（《天津桥》）；他一大早要去天津桥上欣赏桥头的残月，“上阳宫里晓钟后，天津桥头残月前”，而且同样喜欢去天津桥的老朋友很多啊，在桥上一不留神就会碰到好朋友，那就择日不如撞日在桥边找个地方喝一杯吧，“此处相逢倾一盏，始知地上有神仙”（《晓上天津桥闲望偶逢卢郎中张员外携酒同倾》）；他傍晚也要去桥上欣赏一下夕阳的醉态，“晚归骑马过天津，沙白桥红返照新”（《早春晚归》）；他在这里迎接过归来的刘禹锡“篮舆上洛桥”，也在这里送别远行的朋友，“今日洛桥还醉别”（《醉送李二十常侍赴镇浙东》）、“别时暮雨洛桥岸”（《送卢郎中赴河东裴令公幕》）；他还把无数悲欢离合的人间故事都安放在了这座桥边，“妾住洛桥北，君住洛桥南。十五即相识，今年二十三”（《长相思》）……

白居易、刘禹锡、裴度这样的文化“铁三角”，既塑造了“抱团养老”的典范，又营造了洛阳文化胜地的独特气质。白居易可能没有预料到，从他以后直到宋朝，追慕他的文人士大夫数不胜数，连他笔下的洛阳天津桥，都成了后来文人品味逍遥与自足境界的文化地标。欧阳修的“春归伊水绿，花晚洛桥闲”（《南征回京至界上驿先呈城中诸友》）、司马光的“何处初寒好，初寒洛水桥”（《和张文裕〈初寒〉十首·其三》）、陆游的“天津桥上醉骑驴，一锦囊诗一束书”（《还家》）……无一不显示出洛阳天津桥独具魅力的文化气质。

“皂盖回沙苑，篮舆上洛桥。”如果，这世间总要有一座桥于万丈红尘中许你诗意栖居，那座桥，可能就是洛阳的天津桥吧！

是的，在天津桥畔，一切世事纷扰都可以放下了，就像夕阳下的天津桥一样，“沙白桥红返照新”，经历过风风雨雨，就让夕阳留下生命最本真、最简单、最率性的美，可好？

“闲尝黄菊酒，醉唱紫芝谣。”不再有血雨腥风的斗争，只有老顽童之间纵情任性的趣事笑谈；不再有权力财富的角逐，只有一群老而不朽的灵魂在吟唱着如歌的岁月；不再有绝望的悲凉，因为天津桥的晓月、夕阳和桥上邂逅的知己会治愈人世间的一切伤痛，让你在大风大浪过后，终于可以在桥边从容地坐下来。

让阳光打在脸上，让温柔留在心里。

第九集

有个多情立画桥

——飘零的脚步愿为你的繁华驻足

有人说，在北宋两大著名城市——开封和杭州之中，如果想要知道北方的京城开封有多繁华富庶，那就应该去欣赏张择端的名画《清明上河图》；如果想要知道江南的杭州有多繁华富庶，那就应该去欣赏柳永的著名词作《望海潮》。

所以，这个有关桥梁的故事，我们就从柳永的《望海潮》说起。

东南形胜，三吴都会，钱塘自古繁华。烟柳画桥，风帘翠幕，参差十万人家。云树绕堤沙。怒涛卷霜雪，天堑无涯。市列珠玑，户盈罗绮竞豪奢。　　重湖叠巘清嘉。有三秋桂子，十里荷花。羌管弄晴，菱歌泛夜，嬉嬉钓叟莲娃。千骑拥高牙，乘醉听箫鼓，吟赏烟霞。异日图将好景，归去凤池夸。

这可不是一首普通的词，它的“不普通”表现在三大方面：创作动机不普通、传播对象不普通、流行效果不普通。

我们先来看这首词极不寻常的创作动机。柳永是北宋初期歌坛最受歌手和消费者欢迎的“流行音乐制作人”，堪称歌坛的“流量担当”，那时的歌手们都想方设法地打听柳永的行踪，求到他原创的词、曲，据说只要是柳永写的词或者谱的曲，“一经品题，声价十倍”，歌手们为了提高自己的身价，都千方百计、争先恐后地要成为柳永作品的原唱歌手。

总而言之，在那时的流行歌坛，柳永就是“流量密码”！

但这首《望海潮》的创作动机却偏偏不是为了赢得更多的消费者，赚到更多的流量，而是柳永企图通过这首词，引起一位高官的注意。

那么，这位高官是谁呢？这个故事还是要从至和元年（1054）说起。

至和元年二月，杭州迎来了新一任知州——孙沔。孙沔是一位文武双全的能臣，不但军功累累，而且在文学音乐方面都颇有造诣，尤其喜欢欣赏宋朝盛行的流行歌曲——宋词。因此孙沔一到杭州，就有人投其所好，向他透露了一个重要信息：西湖边有一位歌唱技艺绝佳的歌手，名叫楚楚。有幸听过楚楚唱歌的人都说：听楚楚一曲清歌，余音绕梁，可以使人三月不知肉味。

于是，楚楚自然而然地成了孙沔府上的座上宾，凡是有重要的宴会或客人到访，孙沔必派人邀请楚楚盛装出席，为大家歌舞助兴。不久，整个杭州城都知道了：楚楚美妙的歌声是孙知州府上的保留节目。

那年中秋节，清风朗月，丹桂飘香，孙沔府上自然又是一番热闹景象，宴席到半酣之时，孙沔照例邀请楚楚清歌一曲以飨嘉宾。只见盛装打扮的楚楚怀抱琵琶，款款走到灯火辉煌的大堂中央，略施一礼，坐下来不慌不忙地说道："今日楚楚为孙大人和诸位贵人献唱一曲新歌——《望海潮》。"

孙知州微微闭着眼，手指轻轻在案上打着节拍，一如既往地沉浸在楚楚婉转动人的歌喉中。不过，孙知州很快就发现：今天楚楚唱的歌跟平时很不一样啊！楚楚最擅长的是爱情歌曲，她总是能将爱情中的离别、相思唱得丝丝入扣，她的歌声，就和她的名字一样，"楚楚动人"。可是，她今天唱的这首《望海潮》一点爱情元素都没有，这可不像她的风格啊！

孙沔是何等聪明的人物，虽然《望海潮》是一首从没听过的新歌，但越往后听，他越是能够确定：这首《望海潮》必定是高人所写，而且最重要的是，这首词应该是专门冲着自己写的！

按捺住内心的好奇，耐心地等楚楚唱完，他才开口发问："楚楚，今天这首《望海潮》果然不同凡响，但跟你平日演唱的风格颇有不同。敢问，这首歌出自何人之手啊？"

楚楚一听，果然不出所料，孙沔对歌词作者产生了强烈的好奇，便款款起身再施一礼，答道："回孙大人，这首《望海潮》填词、作曲都是柳七。"

"柳七？"孙沔迅速地在脑海中搜索着这个名字，"你说的是排行第七、鼎鼎大名的柳永柳七郎？”

“正是。柳七郎听说大人在杭州，特意赶过来想谒见大人。可是孙府门禁森严，柳七郎恨无门路可通，就专为孙大人创作了这首《望海潮》，还特意找到楚楚，嘱咐我在中秋晚宴上为大人演唱。若蒙大人垂询，但说作词者乃柳七即可。”

孙沔一听，明白了！他哈哈一笑，立即命人去迎接柳永上座。柳永心里正七上八下，等着孙府的消息呢！一见孙府来接，自然是欣然前往。孙、柳二人畅叙旧情，尽欢而散。

原来，孙沔比柳永小十来岁，三十多年前孙沔还未曾发达之时，曾经和柳永一见如故，为布衣之交，尤其在歌词的创作上两人颇有英雄所见略同之感。一别三十年，孙沔如今年近花甲，柳永也已是七旬老人，年轻时代的好友到暮年再聚，自然是感慨万分。只是当初分别时两人身份相差无几，如今却是天壤之别：一个贵为地方高官，政绩卓著，富贵风流；另一个却是几十年来沉沦下僚，仕途上没闯出什么名堂来，虽然在流行歌坛成了“天王”级别的人物，可是那个时候的流行歌曲实在是上不了台面，所以柳永这个流行歌坛的“流量密码”并不受达官贵人和精英文人的待见，一生都很不得志。

正因为两人的身份过于悬殊，要通过正常渠道见孙沔一面不容易，柳永才不得已想出这一招，通过自己在歌坛的人脉，让一线当红歌手作为《望海潮》的原唱，才一举赢得了杭州知州的注意。

结果并不意外，柳永要么不出手，一出手就是“爆款”，这首《望海潮》红透了半边天，迅速冲上了“热搜榜头条”。据坊

○［宋］李嵩《西湖图》，上海博物馆藏

间传闻，金朝皇帝完颜亮听到这首词之后，情不自禁地感叹："有三秋桂子，十里荷花"，大宋的江南竟然如此美丽富饶，怎能不让人羡慕妒忌呢！完颜亮心里那个痒痒啊：这么好的地方，怎么能不为我所有呢！"遂起投鞭渡江之志"，于是大举挥师南下，企图占领江南的秀美河山。

这个传闻的真实性有待商榷，但是，倒也从

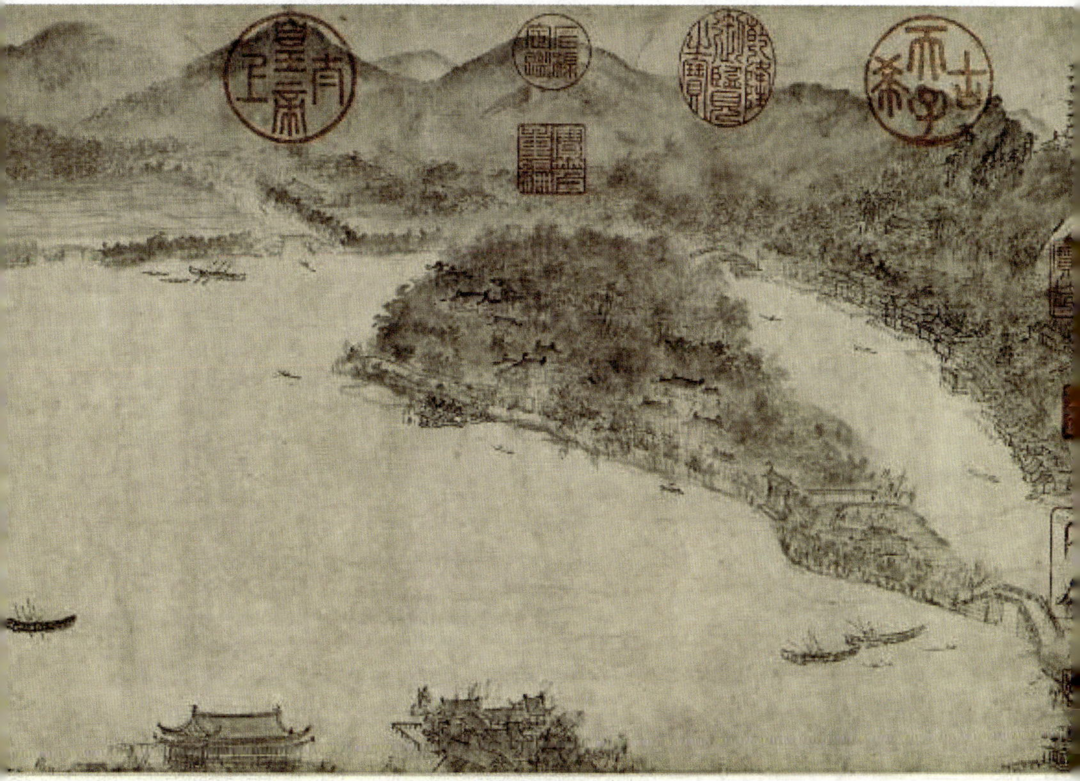

另外一个角度说明了，《望海潮》在描写城市风光这方面的确是刷新了高度。

那这首词到底凭什么可以成功吸睛，让杭州知州和金朝皇帝都倾倒于它的魅力呢？

全词逻辑结构非常清晰，开篇就介绍了杭州的地理定位和历史定位：“东南形胜，三吴都会，钱塘自古繁华。”杭州地处东南，在北宋属于两浙路，是东南最重要的城市之一。三吴指吴兴郡、吴郡、会稽郡，泛指今江苏南部和浙江的部分地区。“钱塘”本来是指钱塘县，这里是以钱塘代指杭州了。秦朝设置了钱唐县，唐代时为避国号改称钱塘县，五代的时候吴越王建都杭州。可见，杭州真的是一个地理位置优越、“自古繁华”的国际化大都会。

精确定位之后，柳永就开始直接描述北宋时期的杭州到底有多繁华了：“烟柳画桥，风帘翠幕，参差十万人家。”你看，桥不是普通的桥，而是“画桥”。什么是画桥呢？画桥并不是特指某种形制的桥，像拱桥、梁桥、索桥、浮桥之类的，而是指装饰得非常华丽精美的桥。江南水多，桥也多，像现在的杭州、苏州、绍兴等城市，都是典型的“小桥流水人家”江南城市的模样。就以杭州为例，杭州的桥不仅多而且美得不像话！根据宋代人周密《武林旧事》的记载，苏轼在元祐年间担任杭州知州的时候，筑有苏公堤，从南到北，横截湖面，夹道遍种花柳，其中间有六桥九亭，例如第一桥映波桥，第二桥锁澜桥，第五桥东浦桥，第六桥跨虹桥。除六桥之外杭州还有数不清的小桥，例如西泠桥、涵碧桥、黄山桥、石函桥等，当然也包括我们熟悉的断桥。

虽然苏轼到杭州做官的时间比孙沔要晚，但在苏轼到杭州之前，杭州已经是以桥多桥美而闻名的江南城市，这是毫无疑问的。

写完了小桥流水，画面当然就要转向水边桥头聚集的人家了。“参差十万人家”，“参差”这个词用得尤其形象，杭州依山傍水，依山的建筑高低不齐，像《西湖老人繁胜录》就有这样的描述：“回头看城内山上，人家层层叠叠，观宇楼台，参差如花落仙宫。”“十万人家”当然只是泛指，事实上，杭州当时的常住人口远远不止十万户，但“十万人家”已经足够让我们认定这是一个人口众多、熙熙攘攘的大城市了。

说完城市建筑，接下来就该说说杭州的自然风光了。“云树绕堤沙。怒涛卷霜雪，天堑无涯。”“堤”当然是指西湖上的白堤、小新堤等，后来苏轼还修筑了苏堤，因为堤边往往多沙路，所以词中才会说“云树绕堤沙”。至于“怒涛卷霜雪，天堑无涯”，毫无疑问是指壮观的钱塘潮了。钱塘江水面壮阔，仿佛“天堑无涯”，而钱塘潮堪称天下之奇观。

据《梦粱录》记载，每年八月，是钱塘江潮水最盛的时候，从八月十一日开始，便有人前去观潮，到了十六十八日，更是“倾城而出，车马纷纷”，怒涛拍岸，如同霜雪沸腾，一直到八月二十日才渐渐平息下来。每到这个时候，观潮的人群汹涌，方圆十余里之间，一眼望去，满眼都是珠翠罗绮，闪闪发亮，车水马龙，堵得水泄不通。每次读到宋人这样的记载，就不由得令人联想到现在的黄金周假期，每到这样的假期，新闻总会报道各大旅游景点人山人海的盛况，这样的场面给人的印象实在是震撼。

这样的盛况其实从侧面反映了一个现实，那就是人们有钱还有闲。只有基本生活需求得到了满足，人们才有闲钱和兴致出游。当代是这样，宋代也是这样。

那么，当年的杭州人到底有多富裕呢？听听柳永的描述吧：“市列珠玑，户盈罗绮竞豪奢。”“市列珠玑”“户盈罗绮”，说的是杭州的集市上到处陈列着珠宝金玉，光彩夺目，家家户户都有堆积如山的昂贵丝绸。柳永这是赤裸裸地替杭州人炫富！

当然，柳永这么卖力地炫耀杭州的繁荣富庶，不仅仅是因为杭州真的繁荣富庶，更重要的还是为了奉承杭州的父母官——杭州知州孙沔。所以孙沔听楚楚这么一唱，就越听越高兴：这首词看似句句都在赞美杭州好风光，实则是在歌颂他这位父母官的政绩——老百姓日子过得这么好，杭州建设得这么好，那都是您的功劳啊！更巧妙的是，柳永还在词中暗含了孙知州不久就要高升回朝的祝愿。不信？我们再来看看这首《望海潮》的下半阕：

重湖叠巘清嘉。有三秋桂子，十里荷花。羌管弄晴，菱歌泛夜，嬉嬉钓叟莲娃。千骑拥高牙，乘醉听箫鼓，吟赏烟霞。异日图将好景，归去凤池夸。

下阕起句即点出西湖美景，“重湖”说的是几个湖堤将西湖分隔成了里湖和外湖；叠巘，是指重重叠叠的大山小山，“重湖叠巘清嘉”是描述湖山全景；“三秋桂子”“十里荷花”是概括西湖的四季风光，秋天的桂花、夏天的荷花，一年四季的西湖都有美不胜收的景致。而且，无论是晴天还是夜晚，昼夜笙歌的游人，悠闲的钓鱼老翁和采莲的漂亮女孩，都把西湖点缀得热闹无比，这简直是一座人与自然和谐相处的宜居城市。这一系列的铺垫，其实都是为了推出柳永赞颂的最终对象，那就是“千骑拥高牙”的杭州知州孙沔。

孙沔是杭州最高行政长官，“牙”指的是以象牙作为装饰的大旗，“千骑”则是簇拥在大旗周围浩浩荡荡的随从。在杭州游西湖的人，谁还能有这样的气派呢？当然只有杭州知州孙沔了。

用“千骑拥高牙”一句作为过渡，《望海潮》从概述杭州美景，最终落实到杭州的灵魂人物孙沔身上，接下来就都是对孙沔的祝颂之词了。“乘醉听箫鼓，吟赏烟霞。”这是形容孙沔一边在微醺中享受音乐，一边欣赏西湖烟霞绚烂的美景。孙沔为什么可以过得这么潇洒呢？当然是因为杭州城市富足，百姓生活幸福，这是任何地方官都梦寐以求的政绩啊。“异日图将好景，归去凤池夸。”等将来有朝一日，杭州知州孙沔高升再回朝廷述职的时候，就可以向皇帝和满朝文武大臣好好夸耀一番他治理杭州的可喜成就了。

凤池也就是凤凰池，是中书省所在地，因此唐宋时代往往以凤池代指宰相。柳永言辞之间赞颂孙沔有宰相之才，这样夸孙沔，他能不心花怒放嘛！

有意思的是，柳永用这么长的一首词来夸赞孙沔治理杭州的功劳，但词中代表城市规划和建筑的核心意象，竟然就只有这一个词——“画桥”。换句话说，柳永用“画桥”这一个词，竟然就概括了杭州城市规划建筑之美。

在柳永的笔下，杭州之美，美得仿佛是一幅画，而“点睛”的那一笔，就是“画桥”。“画桥”，就像是杭州的“眼睛”，明眸善睐，顾盼生辉。自然造化的流水与巧夺天工的画桥相得益彰，让整个城市都生动了起来。

北宋时候的画桥，到底能够精美华丽到什么程度呢？那当然还是需要那个时代的人来告诉我们。北宋李诫重修的《营造法式》中对宋代建筑的装饰、彩画等制度留下了比较详细的记载，还保留了许多宋代建筑的彩画作为制度图样，有花鸟、禽兽、人物等各种花纹图样。而画桥，就是指装饰有彩画、色彩明艳、形制精美的桥梁。

可见，到了繁荣富庶的北宋，在杭州、苏州、扬州、京城开封这样的大城市中，桥梁不仅具有交通功能，它同时还承担了美化城市面貌的审美功能。

除了《营造法式》这类文献的记载，北宋的名画《清明上河图》更是以极具视觉冲击力的形式，为我们呈现了宋代画桥之美。

《清明上河图》中最醒目也是最中心的位置，就是一座桥——举世闻名的汴水虹桥，当时汴河上从东水门外七里到西水门外，一共有十三座桥梁，其中最引人注目的就是这座虹桥，“其桥无柱，皆以巨木虚架，饰以丹艧，宛如飞虹”（《东京梦华录》）。这座桥外形像一道飞虹横跨在汴河上，所以又被称为“飞桥”，桥下一根桥柱都没有，一跨过河，由贯插众木成拱，桥下的空间更宽敞、更方便船只通行。这种类型的桥学名叫作贯木拱桥，是中国建桥人的独创，也代表了中国木桥构造技艺的最高水平。

桥上熙熙攘攘的人群、车水马龙的热闹景象，显示出虹桥超强的承重能力。桥身装饰之精美，也让我们不由得对北宋京城的富庶繁华心生神往。所谓“饰以丹艧”，就是说桥身用了五彩的颜色来装饰，

○ ［北宋］张择端《清明上河图》（虹桥局部），故宫博物院藏

其中红色是最显眼的颜色。可以说，《清明上河图》中心位置的这座宛如飞虹的木拱桥，正是宋代画桥的典型形态。

所以，尽管柳永《望海潮》中掩映在“烟柳”中的精美画桥在杭州，但显然，这样的画桥在北宋时期的大都市并非罕见，《全宋词》就是一个有力的佐证。《全宋词》中，“画桥”这个意象异军突起，出现在词中的频率大大超过此前的诗词。这固然与宋词追求富艳之美有关，但也的确是宋代城市经济高度繁荣的真实反映。

宋词中的画桥之多、画桥之美，还具有两大亮点。其一是代表着城市繁华美景的画桥同时还承载着太平盛世与民同乐的情怀；其二是美丽的画桥成为宋词中恋爱双方密约的最佳场所。

宋代画桥“与民同乐”的特点，在柳永的《望海潮》、张择端的《清明上河图》中都有所体现。其实柳永不仅写过杭州的画桥，他也写过汴京的画桥。汴京有名的画桥，除了《清明上河图》描绘的汴水虹桥之外，还有一座更能体现皇家与民同乐的景象。这就是皇家园林金明池中的画桥。

熙宁三年（1070）四月初三，宋神宗曾经御驾幸金明池，欣赏水嬉，然后移驾琼林苑，登上宝津楼，大宴群臣，歌舞升平。水嬉包括各种水上的娱乐游戏，比如龙舟竞渡，歌舞杂技表演等。宋代孟元老的《东京梦华录》就记录了皇帝驾临金明池的路线，那么皇帝御驾经过的这座“画桥”，到底长什么样呢？

金明池中的这座画桥，又名仙桥。《东京梦华录》是这样描绘的：“又西去数百步乃仙桥，南北约数百步，桥面三虹，朱漆阑楯，下排雁柱，中央隆起，谓之‘骆驼虹’，若飞虹之状……”画过《清明上河图》的张择端，还画过另外一幅著名的画作《金明池争标图》，这幅画为我们清晰地呈现了金明池中这座皇家画桥的样子：这是一座横贯南北的拱桥，桥面雕饰有三道彩虹，栏杆都漆成了鲜艳的红色，立在水中的一排排桥柱就好像乐器筝的面板上整齐排列的弦柱，桥的整体造型也酷似一道飞虹。

金明池是皇家园林，皇帝经常带着后宫妃嫔或者文武群臣来这里宴乐、游玩，但每年三月一日，“奉圣旨开金明池，许士庶游行”

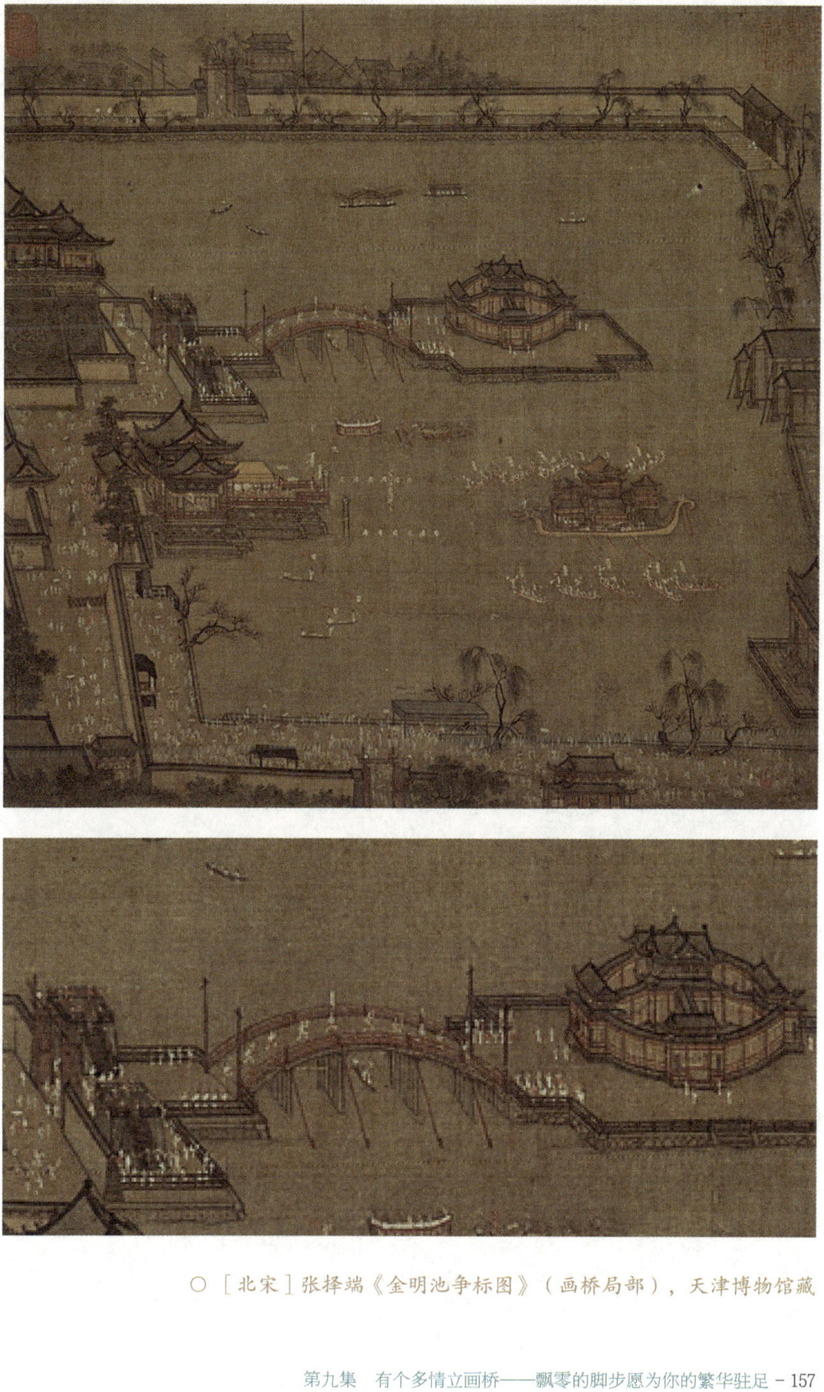

○［北宋］张择端《金明池争标图》（画桥局部），天津博物馆藏

（周煇《清波别志》），也就是说每年三月，金明池会向平民开放，而且是开放整整一个月，在京城的官员公事之余也可以到这里来宴游，充分体现出“与民同乐”的大宋气象。每年定期向公众开放一个月的皇家园林，这时候就变身成了城市公共园林。曾经多次逗留京城的柳永，有幸目睹了金明池“旅游旺季”的盛况，他在《破阵乐》中这样写道：“千步虹桥，参差雁齿，直趋水殿。”这里的千步虹桥正是指金明池中形状如同飞虹的画桥。除了皇家的车驾之外，“有盈盈游女，各委明珠，争收翠羽，相将归远”，还有一群群打扮得明艳照人的美女们在这里尽情游玩，真是一派皇帝与民同乐的盛世风光。

于是，在皇家的表率与推动下，“与民同乐”的思想落实到各级郡县，城市公共园林建设迅速发展，雅俗并流的游赏文化逐渐兴起，无阶层差别的全民性游赏活动成为北宋重要的城市文化特征之一。“天下郡县无远弥小大，位署之外，必有园池台榭观游之所，以通四时之乐。”[①]“画桥”之所以成为《全宋词》中的高频词，和这种与民同乐的盛世文化有着密切的关系。

①韩琦《定州众春园记》，载曾枣庄，刘琳主编《全宋文》，上海辞书出版社，安徽教育出版社，2006，第37页。

接下来，我们再来看看宋词中的画桥与爱情

中的密约又有着怎样浪漫的联系。

恋爱中最值得期待、最令人快乐的是什么呢？应该是约会吧！你看，神话中的牛郎织女隔了一个银河那么远，人们还要善意地为他们搭一座鹊桥，安排他们在每年的七夕约一次会，“金风玉露一相逢，便胜却人间无数”（秦观《鹊桥仙》）！如果两个人真的相爱，怎么忍心让他们空劳牵挂而总是见不了面呢？所以，恋人约会的地方就显得尤其重要了。

约会地点的选择是要具体情况具体对待的。比如说南唐后主李煜跟恋人约会，那当然是要选择在宫殿里一个富丽堂皇却又比较偏僻人少的地方：“画堂南畔见”（《菩萨蛮》），画堂就是指色彩艳丽、装饰华美的殿堂，画堂的南边是他和恋人相约见面的地方。李清照回忆曾经的约会时，也不无伤感地说：“帘外五更风，吹梦无踪。画楼重上与谁同？”（《浪淘沙》）画楼就是装饰华美的楼阁，那是她与丈夫曾经携手相依的地方吧。

与画楼、画堂、画阁相比，画桥应该是更适合大多数恋人约会的地方。之所以敢作这样的判断，是因为比起画楼这些明显属于贵族家庭、私密性很高的建筑物，宋代的画桥既然体现了高度“与民同乐”的盛世文化，是大大小小城市园林里的常见建筑，那也就是说无论什么身份的人，都可以相对容易地以画桥作为约会的地点。而且画桥这种建筑物对于大多数人来说，是一种兼具相对私密性与开放性的约会场所。

说它开放，是因为桥梁往往是重要的交通通道，或者是园林中比较醒目的建筑，桥上的视野也比较开阔，不仅能让赴约的恋人远远地就从人群中一眼辨认出对方，还适合恋人一起欣赏周边风景。要知道，宋代恋人约会可没有手机随时发送定位或者共享位置，约会又不是捉迷藏，容易找到对方就成为约会地点选择的一个重要考虑项了。另外，因为人流量大，画桥周边往往形成了热闹繁华的集市，也方便恋人逛街的时候顺便吃点小吃、带点小玩意儿当礼物送给对方。

说它私密，是因为桥洞下较为隐蔽的空间，恰恰是恋人可以避开人群，找到安全感的地方。再说了，桥上人来人往车水马龙，反倒不容易被人注意，说不定正好是恋人相聚、说说悄悄话的“保护色”呢。不信，你看看《清明上河图》上那密密麻麻的人，谁又会特别去留意两个陌生的路人呢？

作为恋人约会的地方，还有一点也很重要，那就是环境越漂亮才越有情调，浪漫的爱情也需要浪漫的背景烘托呀，色彩艳丽、图案精美、形态优雅的画桥就营造出了这种浪漫的氛围。况且，有画桥的地方往往还配套了各种精美的建筑和风景，比如园林、垂柳、水榭、亭台、游船……各种因素综合起来一比较，画桥就在众多常见的约会场所中脱颖而出了。难怪，被打上了“爱情”标签的宋词尤其青睐画桥这样的地方，因为见证过无数爱情故事的悲欢离合，画桥就被赋予了浪漫和柔情的色彩。

与柳永同时期的大词人张先，长期生活在杭州，他的爱情词中就经常安排恋人们在画桥约会。比如《南乡子》：“春水一篙残照阔，遥遥。有个多情立画桥。”《满江红·初春》：“记画桥深处水边亭，曾偷约。”《江城子》：“镂牙歌板齿如犀。串珠齐。画桥西。”你看，张先词中的恋人约会，不是在画桥上，就是在画桥边，或者是在画桥西……总之,在宋词营造的爱情世界里,似乎有画桥的地方,就一定会有温柔而美丽的爱情剧在这里上演。

画桥，是宋词爱情剧的最佳舞台和最美场景。

因为，在那样的盛世风光里，连桥都要装饰得如诗如画。在人流如织车流如梭的城市中心，一座座画桥点缀着繁华，沉静了岁月，它们宛如一道道绚丽的彩虹,斑斓了游子的梦境,温柔了恋人的等待,也辉映了城市的诗意。

如果，你走过一座城，请停下你飘零的脚步。或许，这座城市里有一座画桥，有一个人，会成为你驻足的理由。

“你站在桥上看风景，看风景人在楼上看你。明月装饰了你的窗子，你装饰了别人的梦。”（卞之琳《断章》）

第十集

回首烟波十四桥

——有没有一座桥终将成为你的诗和远方

南宋光宗绍熙二年（1191）的冬天，那是一个大雪初停的日子。

不过，那不是一个普通的冬日，而是那一年的除夕。

除夕本来应该是一家人团聚的日子，是忙着操办团年饭、贴春联、放鞭炮迎接新年的日子。所以，形容除夕的关键词应该是热闹、喜庆。

当然，如果每一个除夕都过得一模一样，那我们可能记不住某一个除夕的细节之处。我们的生活在年复一年的单调重复当中，总需要发生一些特别的故事，或者需要我们创造一些仪式感，让其中的某些日子成为不可复制、永远难忘的记忆。

绍熙二年的这个除夕，不仅是一位著名诗人刻骨铭心的日子，也为一座桥梁、一个城市留下了不可复制的记忆，甚至还造就了几百年来无数人追慕、神往的绝美风景。

这个城市的名字，叫作苏州；这座桥的名字，叫作垂虹桥；这位诗人的名字，叫作姜夔。

说起苏州的古桥，可能大多数人第一时间想到的是枫桥，因为张继的那首《枫桥夜泊》家喻户晓："月落乌啼霜满天，江枫渔火对愁眠。姑苏城外寒山寺，夜半钟声到客船。"然而，很多人不知道的是，苏州的垂虹桥无论是建筑形态，还是文化气质，都并不逊色于枫桥。或许可以说，在苏州大大小小的桥梁中，垂虹桥和枫桥，堪称其中的"绝代双桥"！

如果说，枫桥的扬名主要归功于张继的《枫桥夜泊》，那么垂虹桥最具风情的那一笔，则是姜夔添上去的。

姜夔，字尧章，南宋著名诗人、词人和音乐家。他的父亲姜噩曾经担任汉阳知县，少年时期的姜夔主要往来于汉阳一带；父亲去世之后，他又寄居在出嫁汉川的姐姐家。直到二十岁成年以后，因为生计的关系，姜夔开始漫游江湖。姜夔虽然才华横溢，可惜跟科举没有缘分，屡次考试不中之后，他放弃了做官的念头，以布衣身份终老，一生往来奔波于湖北、湖南、江西、浙江、江苏、安徽等地，过着浪迹江湖的漂泊生活。

年少孤贫的姜夔，因此早就习惯了独自飘零。

绍熙二年的这个除夕，在绝大多数家庭都在团聚的时候，姜夔却仍然一叶扁舟，飘零在从苏州到湖州的运河上。不过，这一回，姜夔并不是独自一人。这大概是他一生中最特别、也最让他眷恋的一个除夕了。

那么，这个除夕，陪伴着姜夔的又是谁呢?

故事，要追溯到五年以前。

淳熙十三年（1186），三十二岁的姜夔来到湖南长沙，结识了著名的福建老诗人萧德藻。萧德藻当时在湖南为官，他早就听说过姜夔的才名，这次相会更是一见如故，还自称“四十年作诗，始得此友”（周密《齐东野语》）。萧德藻对姜夔十分看重，后来，他还带着姜夔寓居湖州的苕溪，与弁山之白石洞天为邻，所以姜夔就以白石道人为号了。凭借着萧德藻的引荐，姜夔又认识了范成大、杨万里等诗坛大家、政坛要员。

范成大是吴县人，也就是今天的江苏苏州人，曾经官至礼部尚书、参知政事，相当于副宰相的地位。范成大晚年致仕后住在家乡苏州西南的石湖，并且面湖修筑了亭子，宋孝宗御笔亲书“石湖”两个字赐给范成大，所以范成大自号石湖居士。姜夔作为终身无官无职的一介布衣，得到过范成大的许多帮助，两人的交往十分密切。

绍熙二年的冬天，姜夔冒雪到苏州再度拜访范成大。姜夔来访，范成大自然是不会轻易“放”过他的，他专门为姜夔准备了上好的笔墨纸砚，请他填词，并且还附带提了更高的要求：光是填词还不够，还必须为新词谱写新的曲调，那些陈词滥调听腻了，要听听姜夔写的新歌来洗洗耳朵。

姜夔虽然才高八斗，但要即兴作文也并不容易，尤其“出题官”

还是范成大这样的大咖诗人，随便糊弄是过不了关的，必须全力以赴。可到底写什么才能出其不意，给主考官一个大大的惊喜，交出“满分答卷”呢？正在苦思冥想之际，一缕似有若无的幽幽暗香传来。香气虽然极其淡雅，却仿佛自带一股神奇的力量，突然打通了姜夔的“任督二脉”，这是梅花的清香啊！那干脆，就写梅花吧！

范成大和姜夔都酷爱梅花，尤其是范成大，他隐居石湖之后，不仅种了几百株梅花，还买下邻居的七十间屋子，全部拆除之后，精心营建为苗圃，取名“范村”，苗圃中三分之一的面积都种上了梅花，几乎囊括了吴地所有的梅花品种。范成大不仅写了很多咏梅的诗，还专门撰写了《梅谱》，相当于梅花的植物学著作了。曾经在官场叱咤风云的范成大，竟然将种梅花的业余爱好变成了专业研究，顺便把自己培养成了种植梅花的专家型人才。

姜夔来到石湖的时候，正赶上梅开雪落。洁白的雪花，衬托着绽放的红梅，缕缕幽香飘送，此情此景，再加上身边还有一位酷爱梅花的好朋友范成大，姜夔瞬间灵感大爆发，成就了《暗香》《疏影》两首咏梅词的经典。

在此之前，历代写梅花的名句太多了，其中又以北宋林逋的诗句最为有名：“疏影横斜水清浅，暗香浮动月黄昏。”（《山园小梅二首·其一》）姜夔的两曲《暗香》《疏影》词牌名就取自林逋咏梅的诗句。

姜夔不愧是姜夔，历朝历代那么多咏梅的经典诗词，都掩盖不了他的绝世才华。我觉得有一个词最适合用来形容他在诗坛和词坛独一无二的辨识度，这个词就是——仙气飘飘。他这次专为范成大谱写的新歌《暗香》一开篇就塑造了一对仙气飘飘的男主角和女主角形象：“旧时月色，算几番照我，梅边吹笛。唤起玉人，不管清寒与攀摘。”

想当年，在清冷的月色之下，梅边吹笛的那个人，是何等的超凡脱俗，飘然出尘。更何况，《梅花落》就是古代最有名的笛曲，李白就写过这样的诗句：“黄鹤楼中吹玉笛，江城五月落梅花。”（《与史郎中钦听黄鹤楼上吹笛》）更有意境的是，倚梅吹笛的男子身边，还有一位清丽出尘的“小仙女”：“唤起玉人，不管清寒与攀摘。”雪夜、月色，倚梅吹笛、玉树临风的美男子，纤手摘梅的翩翩玉人，这是何等令人神往的美景！甚至会让人怀疑，这样的意境，到底是在人间，还是只属于仙境呢？

的确，姜夔就是宋代“最仙儿”的诗人。

在唐宋两代，有三位公认最有仙气的诗人，一位当然就是地球人都熟悉的李白，他被誉为诗仙；第二位当然也是地球人都熟悉的苏轼，号东坡居士，又称“坡仙”，也称“苏仙”；第三位就是南宋的姜夔，他在诗坛上也有一个鼎鼎大名的外号，叫作“白石老仙”。

姜夔的很多诗词，都有一种缥缈空灵的仙气，他的仙气不同于李白的豪迈飘逸，也不同于苏东坡的率性洒脱。姜夔的“仙儿”，是一种清高脱俗、冷艳幽雅的气质，是那种不食人间烟火的味道。据说他体形清瘦，举止优雅，“体貌清莹，望之若神仙中人”，外貌气质颇有晋宋间的名士风度，飘飘欲仙，超凡脱俗，以至于还有人直接将词人中的姜夔比作书法家中的王羲之。

但，现实中习惯了独来独往、习惯了独自品尝孤独的姜夔，这回在《暗香》中却给倚梅吹笛的自己，别出心裁地安排了一位折梅相依的玉人，在“旧时月色”与“夜雪初积”的映照下，简直如同置身仙境中的神仙眷侣。

《暗香》《疏影》两首咏梅词写得太美太仙，不禁令我们折服于姜夔高妙空灵的创作笔法，就连眼光挑剔的范成大也被他征服了。范成大曾经评价姜夔词“有裁云缝月之妙手，敲金戛玉之奇声”（毛晋《跋白石词》引），可见他有多佩服姜夔的才华与仙气。范成大挽留姜夔在石湖住了一个多月，让家里的乐工、歌手反复演奏吟唱这两首词。那个冬天，石湖别墅飘散着醉人的梅香，也飘散着醉人的歌声和乐声。

姜夔的气质与才情，不仅征服了大才子范成大，还征服了范成大府上一位温柔美貌、多才多艺的歌手小红。

除夕那天，当姜夔告辞而去的时候，范成大笑眯眯地送给他一个巨大的惊喜：小红，愿意和姜夔一起走。

因此，当除夕那天，姜夔离开苏州时，就有了这样一幅如仙境一般醉人的画面：

在被称为“人间天堂”的苏州，正是大雪初停的冬日，一片白茫茫的混沌天地。这时，远处传来悠扬中略带凄美的箫声，箫声中伴着少女柔美动听的吟唱。循着声音望去，只见一叶扁舟仿佛从遥远的天际顺流飘然而来，偶尔荡起的水波微微摇晃着船身，船头坐着一位面容清俊、身形清瘦飘逸的男子，他正全神贯注地吹着洞箫；男子身边的少女，同样衣袂飘然，婷婷袅袅，充满崇拜和爱慕的眼光时不时凝视着他，一边和着他的箫声低吟浅唱。

这幕“仙境”中吹箫的男子当然就是姜夔，和着洞箫低吟浅唱的少女就是小红。他们演唱的歌曲，正是姜夔自度曲、自填词的经典名作《暗香》《疏影》。

姜夔一定没想到，他在《暗香》中写到的梅边吹笛和折梅相依的一对璧人，竟然会在自己和小红的身上变成现实。

那段琴歌相和的诗意人生，那个令人难忘的除夕雪夜，曾让姜夔十分感慨地写下过这样的绝句：

自作新词韵最娇，小红低唱我吹箫。
曲终过尽松陵路，回首烟波十四桥。

这首诗的诗题就是《过垂虹》，垂虹就是苏州吴江的垂虹桥。根据当代学者的考证，苏州往返湖州的船只主要在夜晚航行。姜夔除夕那天从石湖的行春桥出发，经苏州胥门到垂虹桥，在宋

○［清］费丹旭《小红低唱我吹箫》

代航程一般需要六七个小时，夜行船如果出发得晚，到垂虹桥的时候正好天亮，可以靠岸停船休息一会儿。[①]

①参见简锦松、唐宸、李依娜等：《诗人、长桥、GIS——姜夔〈过垂虹〉诗现地研究》，《东华汉学》2022年第35期。

毕竟是除夕，家家户户都沉浸在世俗的团圆与节日的欢乐之中，像姜夔和小红这样除夕还在水上漂的“神仙人物”，除了他俩估计也找不出第二对。为了这个无法复制的除夕，姜夔写过一组诗——《除夜自石湖归苕溪十首》，第一首中的“梅花竹里无人见，一夜吹香过石桥”，说的就是从石湖出发，一夜行船；第七首中的“长桥寂寞春寒夜，只有诗人一舸归”，就是说大过年的，别人家都在热热闹闹过新年，松江垂虹桥下停泊的只有自己这孤单单的一艘小船。诗中的“长桥”就是垂虹桥。

垂虹桥建成于北宋庆历八年（1048）六月二十八日，由吴江县令李问、县尉王廷坚二人主持修建，最初取名为“利往桥”，也就是建桥以利百姓往来的意思。利往桥右临太湖，左跨松江，最初是木造结构，“东西千余尺，用木万计”，号称“江南第一长桥”。据推测，宋代的时候桥长可能在300米左右，所以当地老百姓习惯称其为“长桥”，许多诗词中出现这座桥也多以“长桥”

为名，姜夔的“长桥寂寞春寒夜”也是如此。

长桥中央建有一座亭子，名为“垂虹亭”，因此长桥又有了一个雅称——垂虹桥。姜夔“小红低唱我吹箫”这首诗的题目《过垂虹》，用的就是垂虹桥这个名称。元代时，垂虹桥改建为石桥，据说设有72个桥洞，因此垂虹桥又多了一个七十二桥的别名。苏州现存的垂虹桥古迹已经是一座断桥，仅存10孔。

下面这张图是康熙《吴江县志》中的《垂虹夜月》，现藏于中国国家图书馆。

清代的时候，垂虹桥已经是典型的石拱桥。那么，当年姜夔经过的垂虹桥又是什么样子的呢？据专家推测，北宋画家王希孟那幅

○［清］《垂虹夜月》，中国国家图书馆藏

○［北宋］王希孟《千里江山图》（局部），故宫博物院藏

《千里江山图》中的木梁长桥，其原型就是苏州的垂虹桥。

画中长桥中央的亭子有上中下三层，最高一层为四角攒尖顶方亭，四面敞亮，可以欣赏四周的湖光山色。中间一层是游客休息层，有蓝色的帷幕可以自由舒卷，阳光太强烈的时候就可以放下帷幕遮挡阳光。最下一层离水面很近，可以近距离观水。这种格局，有点像今天 5A 级景区里的贵宾休息区。

宋代一位无名氏画家的《长桥卧波图》画的也是垂虹桥与垂虹亭，应该比《千里江山图》中的长桥更接近当时实地的风景，这两

○［宋］佚名《长桥卧波图》，故宫博物院藏

幅画可以对比欣赏。画中的垂虹桥恰如一道长虹横卧水波之上，水面开阔，几艘帆船点缀其中，远处山峦起伏，恰好印证了此地“湖光海气，荡漾一色，乃三吴之绝景”的评价。

因为垂虹桥建于北宋庆历年间，名扬天下的岳阳楼也于庆历年间重新修缮，于是宋人常常将这两处不同地方的地标建筑并提：“垂虹五百步，太湖三万顷。除却岳阳楼，天下无此景。”（戴复古《松江舟中四首·荷叶浦时有不测末句故及之》）天下胜景，除了岳阳楼和浩浩汤汤的洞庭湖，那就是三万顷太湖边的“五百步”垂虹桥了！

垂虹桥，经历过无数悲欢离合的故事，在那一年，又见证了姜夔与小红的旖旎爱情。

那年除夕过后的清晨，姜夔的一叶孤舟，载着他和小红，从垂虹桥再度启航。姜夔吹箫，小红伴唱，一曲结束，船正好行过松陵。不愧是江南水乡，这一段水路大约每隔两三百米就有一座桥，因此“十四桥”很可能是泛指这一路经过的大大小小、形态各异的桥梁。这才有了姜夔《过垂虹》诗中“曲终过尽松陵路，回首烟波十四桥”的动人一幕。而这一幕，也被后来的诗人、画家反复演绎，垂虹桥因此成为历代诗人和画家最为青睐的诗意之桥、画意之桥；姜夔的“小红低唱我吹箫”也成为历代诗人和画家尤其向往的神仙境界。

即便是姜夔自己，也将携小红泛舟松江的那个除夕，深深地铭刻在了心上。五年以后，也就是宋宁宗庆元二年（1196），又是一个冬天，姜夔与几位好友一同去无锡，再次经过故地。半夜，大家相约一起来到垂虹亭上。那天，夜色很美，“山寒天迥，云浪四合”，

“星斗下垂，错杂渔火”，虽然寒风凛凛，但他们兴致都很高，宁可裹着被子，也要一边在桥上散步一边吟诗唱和。那个夜晚，姜夔又写了一首《庆宫春》，在词序中他深情地回忆起了五年前的除夕，他和小红“雪后夜过垂虹”的情景：“那回归去，荡云雪，孤舟夜发。伤心重见，依约眉山，黛痕低压。”“那回归去”“孤舟夜发”显然说的就是五年前携小红一起从石湖过垂虹桥回家的旅程；“依约眉山”“黛痕低压”既是描写一路如秀眉连绵的远山风景，又何尝不是暗暗代指他身边低吟浅唱的小红呢。

五年之后，又是一个凛凛的冬夜，当他再次经过垂虹桥的时候，身边已经没有了小红。《庆宫春》词的下半阕说道：“采香径里春寒，老子婆娑，自歌谁答。垂虹西望，飘然引去，此兴平生难遏。酒醒波远，政凝想，明珰素袜。如今安在，唯有阑干，伴人一霎。”“采香径”是苏州的一处古迹，指香山边的小溪。据说吴王曾经种香于香山，使美人在溪上泛舟采香。可是这样风雅的地方，如今“老子婆娑”，只剩下我一个人在此独自徘徊，独自吟唱，“自歌谁答”，还有谁能来应和我的歌声呢？“明珰素袜”是指女子戴的明珠耳饰，穿的洁白的罗袜，这里当然是代指词人所思念的那位女子。五年过去了，物是人非，当年那个依偎着我低吟浅唱的小红，如今已不知流落何方。只剩下在回忆中“伤心重见”了吧！

这首回忆往事的《庆宫春》倾注了姜夔无限的情意和相思，他后来又不断涂涂改改，反复多次，十多天后才定稿。当天与他同行的友人之一朴翁（葛天民）是一名僧人，还曾嘲笑他用情过深，被情爱所困。可姜夔说："意所耽，不能自已也。"

情到深处，我自己又怎么能克制得了呢!

姜夔和小红因为什么而分开，或者当时小红是否已经离世，我们已不得而知。我们只知道，那个"小红低唱我吹箫"的除夕之夜，此后成了姜夔生命中最浪漫的一段记忆；而垂虹桥，也成了姜夔生命中至美的一道风景。

有时候，我忍不住会这样想，对于姜夔而言，尽管他一生走过无数的桥，但垂虹桥一定最契合他的气质、也最能"体会"他曾经的幸福与如今的失落吧？"小红低唱我吹箫"，是他在江湖漂泊中偶尔拥有过的柔情，那样的柔情，已经深深地印在了垂虹夜月中，融进了垂虹桥独有的气质中。

我之所以有这样的联想，是因为在姜夔"过垂虹"的那个除夕之前，垂虹桥就已经被赋予了清雅飘逸却又情真意切的文化气质，而这份气质恰恰与姜夔的飘逸和深情不谋而合。

因为，"垂虹桥"原本就是桥梁中的"隐士"，也是桥梁中的"君子"。

垂虹桥这份独特的文化气质首先要归功于历史上的三个著名人物，这三个人并称"三高"，可不是高血压、高血糖、高血脂哦。"三高"指的是三位高人隐士，他们分别是春秋时期越国的范蠡，西晋时期的张翰，以及唐代的陆龟蒙。这三位高士都和垂虹桥所在的苏州吴江有着很深的渊源。

"三高"当中，人生经历最为传奇的当数范蠡。春秋时期吴越争霸，吴王夫差先是灭了越国，越王勾践卧薪尝胆，在范蠡等大臣的忠心辅佐下，终于反败为胜，灭掉了吴国，报了血海深仇。范蠡不贪功不恋权，急流勇退，泛舟五湖，自号鸱夷子皮。姜夔显然是仰慕范蠡的，他曾经专门为范成大谱曲填词创作了一首《石湖仙·寿石湖居士》，词中有“须信石湖仙，似鸱夷翩然引去”的句子，就是将范成大比作春秋时越国大夫范蠡。姜夔借范蠡的传说来赞美范成大的功成身退，就像当年的范蠡一样，从此优游江湖，潇洒自在。

有一种传说认为范蠡是带着大美人西施一起泛舟五湖的，这就更为范蠡的归隐增添了几分浪漫色彩。

西晋时期的张翰也是苏州人，据说是张良的后裔。张翰在洛阳齐王司马冏处为官，因为意识到内乱即将爆发，不想卷入到争权夺利的战乱中去，总想找个机会辞官回家。有一天，秋风瑟瑟，寒意初起，张翰情不自禁地又想家了。他长叹一声，感慨道：“人生在世最重要的就是按照自己的想法生活啊，我怎么能违背自己的意愿，为了功名利禄而背井离乡奔波千里之外呢？我现在只想吃家乡的菰菜、莼菜羹和鲈鱼脍啊！”菰菜就是我们今天常吃的茭白；莼菜是一种水生植物，也是苏杭一带经常能够见到的一道家常菜；鲈鱼指的是苏州的松江鲈鱼，脍就是切得很薄的生鱼片。松江鲈鱼特别适合做成生鱼片，色泽洁白，肉质松软，没有腥味。初秋是松江鲈鱼最为肥美的时候，因此当张翰在秋风中思念家乡的时候，松江鲈鱼就成了他最难以割舍的味道。心动不如行动，张翰于是毅然挂冠归隐，他终于可以好好享受家乡的美味了。因为张翰的这个经历，中国文学史上从此还诞生了一个非常优美的用来表达乡愁的词语：莼鲈之思。

姜夔、范成大共同的好友，南宋著名诗人杨万里就曾经在垂虹桥的垂虹亭上欣赏过当地渔民打鱼做鲈鱼脍的场景：“桥柱疏疏四寂然，亭前突出八鱼船。一声磔磔鸣榔起，惊出银刀跃玉泉。”（《垂虹亭观打鱼斫脍》）

晚唐的陆龟蒙也是苏州人，多次科考失利之后他索性放弃仕途的追求，归隐松江，常常泛舟太湖，逍遥自在。最可贵的是，陆龟蒙不仅是著名诗人，他还亲自参与田间劳动，撰写了中国历史上唯一一篇农具专志《耒耜经》，这是研究古代耕犁最重要最可靠的文献之一。

范蠡、张翰、陆龟蒙虽然是不同时代的隐士，但都和苏州有着密切的渊源。北宋以后，这三个人终于“合体”，从此并称“吴江三高”，成为松江隐逸文化的形象大使。姜夔写给范成大的《石湖仙·寿石湖居士》开篇就说：“松江烟浦，是千古三高游衍佳处。”这里曾经是三位高士纵情游乐的地方啊！

姜夔不仅以千古三高比拟范成大，其实他自己也是以“三高”作为人生榜样吧。作为一位江湖诗人，坎坷的人生反而成就了姜夔孤傲的个性和不与流俗为伍的高洁人品。姜夔有一位至交好友叫作张鉴，张鉴是南宋初年著名大将张俊的后代，典型的贵公子。张鉴特别欣赏姜夔的才华和人品，多次提出要割赠良田给他以供衣食糊口，并且还愿意出资帮他谋取官爵，但都被姜夔一一谢绝。

不是每个人都可以安于清贫，但不能因为谋求富贵就放弃尊严。

这应该是“高士”坚守的底线。而姜夔，正是这样一位隐逸高士。

追慕“三高”风范，沉醉于长桥卧波绝美景致的人，姜夔当然不是第一位，也不会是最后一位。在姜夔之前的北宋，垂虹桥还曾迎来过一众重量级人物，见证过一段友谊佳话。这一众重量级人物的核心是苏轼。

苏轼曾几度经过垂虹桥，瞻仰过“三高”的画像，还为他们写下了一组诗《戏书吴江三贤画像三首》。而且，苏轼与垂虹桥也有过一段风雅情缘。

北宋熙宁七年（1074），苏轼离开杭州，赴密州知州任。恰好当时杭州知州杨绘也被调回京城，于是与苏轼结伴同船而行，苏轼的忘年好友张先等人一路陪同送行，他们一行共六人，在途经松江时，“夜置酒垂虹亭上”，弹的弹琴，填的填词，唱的唱歌，好不惬意。当时已八十五岁高龄的张先词才最为敏捷，率先写了一首《定风波令·西阁名臣奉诏行》，记录下六位好友垂虹亭相聚唱和的风雅与美好，这就是后世所谓的“前六客词”。

七年后，也就是元丰四年（1081）七月九日，因海潮上涌，垂虹亭与垂虹桥被洪水摧毁，当时已经被贬黄州的苏轼听说了这一消息，非常伤感，这年十二月十二日夜里，苏轼想起七年前那个美好的夜晚，写下了《书游垂虹亭》，“此乐未尝忘也”，当年六人相聚垂虹亭的快乐他从来都没有忘记过啊！如今，七年过去了，张先已不在人世，自己也不复当年的意气风发，追思过往，“真一梦耳”。

又过了十年，也就是元祐六年（1091），苏轼再过垂虹桥，再度回忆起当年六人在垂虹亭的秋夜雅集，又感慨万分地写下了一首《定风波·月满苕溪照夜堂》，这首词被称为“后六客词”，与十多年前六客雅集垂虹亭时张先的“前六客词”遥相呼应：“绿鬓苍颜同一醉，还是，六人吟笑水云乡。”

“千古三高”的隐逸风度，张先、苏轼的忘年雅集，姜夔与小红的低吟浅唱，都是上天赐予垂虹桥的幽情雅韵。垂虹桥虽然经历过多次损毁与重修，但垂虹桥下的水波，垂虹桥上的月色，仿佛穿透时空、亘古不变的智慧的眼眸，映照着人世间一切的聚散离合、悲欢喜乐，在岁月的起伏中沉淀出独特的清雅、飘逸与从容。

有的桥，总是脚踏实地支撑着尘世的奔波与艰辛；有的桥，终于潇洒地超脱成了我们梦想中的诗和远方。

“多情最是垂虹月，千里悠悠照别离”（文徵明《诸名贤垂虹别意诗并叙》），“多情”就是架在人与人之间的桥，因为有情，长桥卧波、垂虹映月的美才会定格成画、编织成诗，从遥远的历史中坚定而优雅地向我们款款走来，让我们相信，生活除了眼前的人间烟火，还有终究可以抵达的诗和远方。

第十一集

情似蓝桥桥下水

——走上那座桥遇见梦中人

20世纪40年代，有一部经典电影在全球热映，这部电影被誉为电影史上三大凄美不朽的爱情影片之一。这三部影片分别是《乱世佳人》《卡萨布兰卡》（又名《北非谍影》）和《魂断蓝桥》。其中《魂断蓝桥》的故事发生在英国伦敦，那是不是伦敦有一座桥叫作“蓝桥”呢？

不是！这部电影的名字直译为“滑铁卢桥”，但显然这个名字容易让观众产生误解，以为这是一部有关反法同盟战胜拿破仑的战争片，因为拿破仑的这次失败导致“滑铁卢”甚至有了“失败”的特定喻义。比如，某人在某个地方比赛发挥失常输了，他就可以说：“那个地方简直是我的滑铁卢。”所以当这部电影准备在中国上映之时，编译组为了避免观众产生误解就否定了直译片名为“滑铁卢桥”的方案。有人提议将片名翻译成“断桥残梦”，因为西湖断桥的故事在中国家喻户晓。断桥是神话传说《白蛇传》中白娘子和许仙爱情故事的发生地，这个故事在中国的传播度非常广，一说“断桥”，大家就会产生一种有情人不能终成眷属的遗憾和同情。但编译组想来想去，觉得“断桥残梦”还是不够唯美，于是决定为电影征集片名。最终，在众多征集来的方案中，《魂断蓝桥》这个方案赢得一致的赞同。《魂断蓝桥》的热映也证明这个译名得到了中国观众的认可。影片中女主角玛拉的台词“我爱过你，就再也没有爱过别人”完美诠释了蓝桥所蕴含的爱情理想，而伦敦滑铁卢桥作为影片男女主角一见钟情和重逢的地方，在中国观众的心目中，留下了和蓝桥一样美好的印象。

那么，在中国的传统文化中，蓝桥到底是一座怎样的桥呢？蓝桥为什么那样契合中国人的爱情理想呢？我想先和大家分享北宋著名宰相词人晏殊和著名长寿词人张先之间的一个小故事。答案就藏在这个故事里面。

皇祐二年（1050）秋，晏殊迁户部尚书，以观文殿大学士知永兴军（今陕西省西安市），辟张先为通判。晏殊和张先，既有上司和下属的关系，又有特别好的私交，两个人都是在词坛各领风骚的大咖词人，共同话题自然是数不胜数。所以在长安的这几年，张先理所当然地成了晏殊府上的常客。晏殊最大的业余爱好是填词唱曲，“无可奈何花落去，似曾相识燕归来”这样的名句就出自他之手。所以晏殊自家就有非常专业的乐队和歌手，他平时的生活极为节俭，不喜欢奢华铺张，但只要有客人来，他一定热情招待。每每来了客人，晏殊便吩咐家人赶紧准备酒菜，他一边和客人谈笑风生，一边听着乐队的演奏，简单的酒菜也就陆续端上来了。吃饭当然不是主要节目，客人们等的其实是吃完饭以后的重头戏：晏殊一定要邀请客人与他一起填词唱和。晏殊总是说："乐队的才艺已经展示完了，现在该轮到我们了。"主客一起吟诗唱和便成为每一次聚会的高潮。

这哪里是什么饭局，简直就是家庭音乐会啊！

可以想象，大家对去晏殊府上做客是既期待又害怕的！

期待，是因为能亲临现场感受高雅氛围，用现在的话来说，那是北宋最有高级感的饭局，谁不想去亲自感受一下呢！

害怕，是因为去晏殊家做客不是简单地吃饭喝酒，而是去参加音乐会，而且还不能只当观众，你必须成为主创，即席创作，连请"枪手"的机会都没有！如果没有两把刷子，看着别人作出一首接一首精彩纷呈的诗词，自己却憋不出来几句像样的诗词来，那以后还怎么好意思在文坛上混啊！

不过，对于横扫江南词坛无敌手的张先来说，他的内心只有期待。晏殊呢，也最欢迎像张先这样的客人。张先每次上晏殊家，晏殊都会请出自家的乐队和歌手，专门来演唱张先的词，清歌佐酒，每次都是尽欢而散。

晏殊家里有一位多才多艺的歌手，是家庭乐队的主唱，平时最爱唱张先的词。可是晏殊的夫人不喜欢她，晏殊为了不让夫人误会，就"开除"了这位女歌手。歌手走了以后，缺少了主唱，家庭乐队可就缺了灵魂啊！晏殊因此有些闷闷不乐，邀请来的客人兴致也没那么高了。

作为晏殊的下属兼家庭音乐会的常驻主创，张先当然对晏殊的郁闷感同身受，正琢磨着怎么给上司排忧解难。想来想去，还真让他给想出了一个好办法。有一天，晏殊又邀请张先一同饮酒，乐队和歌手虽然还在一旁助兴，但气氛显然不怎么活跃，唱的也是听腻了的一些老歌。张先也不多说什么，只是悄悄写下一阕新词《碧牡丹》，交给了在场的一位女歌手：

步帐摇红绮。晓月堕，沉烟砌。缓板香檀，唱彻伊家新制。怨入眉头，敛黛峰横翠。芭蕉寒，雨声碎。

镜华翳。闲照孤鸾戏。思量去时容易。钿盒瑶钗，至今冷落轻弃。望极蓝桥，但暮云千里。几重山，几重水。

歌手拿到张先的词，看了两遍，对张先的用意心领神会，马上和乐队简单沟通了一下，就开唱了。刚唱了几句，眼见着晏殊的神色就发生了变化，张先和歌手对视了一下，两人微微一笑，知道晏殊已被新歌吸引，尤其是听到最后几句的时候，晏殊的眼睛像小火苗一样，瞬间被点亮了！

那么，张先这首词到底说了什么，为什么一下子就准确地戳中了晏殊的心呢？我们不妨简单解读一下这首词。

词一开篇就呈现出一幕绮艳柔美的场景：月亮渐渐西沉，黎明前的夜色安宁静谧，可是晏殊府中依然是华烛高照，轻歌曼舞，沉香燃烧散发的烟雾和清香萦绕在梁柱之间，仿佛梦幻般的人间仙境——原来这又是一次彻夜不眠的“歌舞晚会”。

“步帐”是古人出行时用来遮蔽风尘或者障蔽内外的帷帐。美貌婀娜的歌女身着绮罗，盛装打扮，从静静低垂、轻轻摇曳的步帐后款款而出，“她”手执檀香木制成的名贵拍板，缓缓打着节拍，唱遍了晏殊创作的新词。那娇柔清亮的歌声，仿佛要穿透宁静的夜色，在树梢月影间徜徉萦绕。

前几句写尽了晏殊家闲雅的生活方式——那可是充满了艺术气息的浪漫与风情。可是笔锋至此忽然一转：“怨入眉头，敛黛峰横翠。”那位轻歌曼舞的美丽女子为何又微微皱起了眉头，仿佛眉间心上都弥漫着说不完的哀怨愁绪呢？为什么刚刚还是晓月西沉的晴朗夜空，转眼间却又是雨打芭蕉，淅淅沥沥，风雨声中仿佛传送着无尽的清冷寒意呢？为什么短短几句词会出现这样的“画风突变”呢？

也许只有一种可能。那就是：“怨入眉头，敛黛峰横翠。芭蕉寒，雨声碎”是眼前的实景，而词一开篇“步帐摇红绮。晓月堕，沉烟砌。缓板香檀，唱彻伊家新制”只是回忆中的一幕场景。

其实，这首词就是张先专门为晏殊“开除”的那位女歌手而写的。所以词的开头是回忆当初那位乐队主唱还在的时候，她唱的歌多好听啊，可是现在她“失业”了，现在的她，日子一定过得很苦吧？而且，“曾经沧海难为水，除却巫山不是云”，在晏殊家那样高雅的宴会上当过乐队主唱的职业歌手，又怎么看得上其他地方的舞台呢？

对于一个高水准的专业歌手而言，离开了她最爱的舞台，离开了最默契的合作伙伴，离开了高水准的音乐制作人和素质极高的观众群，她就像折了翅膀的鸟儿一样，再也飞不高了啊，她从此顾镜自怜，只能和镜子里的自己“抱团取暖”了。

当然，歌词中最精准地戳中晏殊心扉的高潮部分，还是最后几句：“望极蓝桥，但暮云千里。几重山，几重水。”这几句词的核心意象就是“蓝桥”。

蓝桥是一座自带仙气的“神仙桥”，这个意象典出唐代裴铏撰写的《传奇·裴航》。

《传奇·裴航》讲述了唐穆宗长庆年间的一个故事。一个名叫裴航的秀才落第之后，来到湖北鄂渚一带漫游散心，他听说同船有一位国色天香的樊夫人，很想一睹芳容，可是他只能偶尔听到樊夫人动听的声音，无缘见面。于是裴航偷偷给樊夫人的侍女袅烟送了礼物，托袅烟向樊夫人献诗转达他的倾慕之情。可过了好久，樊夫人却没有任何回应。裴航又再三去向袅烟打听，袅烟说：“娘子看了您的诗没有一点反应，我能有什么办法。”裴航不甘心，又准备了上好的点心美酒亲自去求见樊夫人，樊夫人这才同意见裴航一面。见面后樊夫人对裴航说：“我是有夫之妇，很抱歉，我不能接受您的心意。您日后一定会遇到属于您的姻缘。”说完，她还回赠了裴航一首诗。樊夫人的诗是这样写的：

一饮琼浆百感生，玄霜捣尽见云英。

蓝桥便是神仙窟，何必崎岖上玉清。

裴航看了，并不明白樊夫人诗中的意思，但看到樊夫人冰清玉洁、凛然不可侵犯的样子，他觉得很惭愧，不好意思再纠缠下去。船到了襄汉以后，樊夫人与袅烟不辞而别，不知所终。裴航也下船改走陆路，经过陕西蓝桥的时候，裴航觉得口渴，想到附近的人家看看能不能讨碗水喝。这时，他看到蓝桥驿旁边有几间茅屋，一位老妇人正坐在屋前织麻。裴航忙上前行礼去求几口水喝。老妇人冲着屋内喊了一声："云英，端点水来给客人喝。"被老妇人唤作云英的姑娘端了水出来，裴航一见云英，魂都没了：老天啊，世间竟有如此美若天仙的人物啊！裴航明明知道盯着姑娘看很不礼貌，奈何他就是迈不开腿、移不开眼。眼瞅着云英递了水给他转身又进了屋内，裴航一口水喝下去，又是陡然一惊，这哪里是水啊？简直是琼浆玉液，沁人心脾啊！裴航这才反应过来，蓦然想起了樊夫人赠诗中的"一饮琼浆百感生，玄霜捣尽见云英"，难道，樊夫人早已预言自己会在蓝桥遇见命中的那个女子云英吗！

裴航赶紧向老妇人郑重行礼，求娶云英。

老妇人说："想要娶云英可以，但我有个要求，不知郎君能不能答应。"这个时候的裴航当然是有求必应，老妇人接着说："我如今老病，昨天刚好有一位神仙送了我一些灵丹，但还需要用玉杵臼捣药一百天后才能吃下见效。如果你想要娶我的女儿云英，那就帮我把玉杵臼找来，我就把云英嫁给你。"

裴航于是到处去找玉杵臼，历尽千辛万苦，终于找到了捣药的玉杵臼，他重返蓝桥，再次郑重地向老妇人提亲。老妇人说："没想到郎君还真是一个守信用的人啊！玉杵臼既然找到了，那你好人做到底，再帮我捣药一百天吧。”

裴航二话不说就开始帮老妇人捣药，一百天后，药制成了，老妇人也兑现承诺，将云英嫁给了他。

裴航这才知道，原来，老妇人和云英都是神仙，当初他在船上遇到的樊夫人，其实是云英的姐姐。裴航这时才完全领悟，此前樊夫人诗中写到的“蓝桥便是神仙窟”，其实是给他指明了真正的姻缘所在——蓝桥可是个神仙窝啊。再后来，裴航和云英双双成仙，过上了幸福的生活。

因为裴航和云英的这个故事，“缘定蓝桥”“蓝桥相会”就成了诗词中常用的典故，诗人词人对蓝桥的向往，实际上就是对浪漫爱情、美满婚姻、神仙眷侣的渴望。

这样看来，将电影名《滑铁卢桥》翻译成《魂断蓝桥》，正是巧妙地运用了“缘定蓝桥”这个典故，因为“蓝桥”这个意象本身就象征着唯美的爱情，而“魂断蓝桥”又表明了这个爱情故事的悲剧结局，和影片要呈现的凄美的爱情主题非常契合。

张先也化用了这个典故：“望极蓝桥，但暮云千里。几重山，几重水。”词中这位女子也在渴望着一场蓝桥相会，可是极目望去，只有重重山水阻隔，云深不知处，哪里才有属于她的蓝桥情缘呢？

据说晏殊在听完张先的《碧牡丹》以后，恍然大悟，感慨道：“人生行乐耳，何自苦如此。”世间本已有太多的阴差阳错，人生苦短，又何必违背自己的意愿呢？于是晏殊命人赎回了此前被“开除”的女歌手，晏家的家庭音乐会从此又飘起了美妙的歌声，又洋溢起了你填词来我唱曲儿的欢乐气氛。

张先多聪明啊，用一个蓝桥的典故就点醒了晏殊！因为裴航蓝桥遇仙的故事说明了一个道理：既然有些缘分是命中注定，那你就得好好珍惜啊！

蓝桥遇仙的故事讲完了，我们会发现，在裴航和云英的爱情故事中，无疑，蓝桥并不是一个偶然出现的地点，而是精心安排的一个约会、一段缘分必然的发生地。但大家千万不要误以为蓝桥就像鹊桥一样，只是神话传说中虚构的一个地名，裴航蓝桥遇仙的故事虽然是虚构的神话故事，但蓝桥却是真实存在的一座桥，而且地理位置还相当重要。裴航遇仙的故事会被作者用心良苦地安排在蓝桥这个地方，也是有其现实原因的。

第一，蓝桥位于陕西省蓝田县东南边蓝溪上，裴航从湖北到京城长安，蓝桥是必经之地；第二，相比长安附近的其他重要桥梁，例如灞桥等大多被赋予了离别的悲情，蓝桥相会反倒具有大团圆结局的喜剧色彩；第三，蓝桥附近险峻的地势也为神话故事的发生作了铺垫，因为山高云深的地方往往是神仙的栖居之所，遇仙的概率要大得多，所谓“蓝桥便是神仙窟”嘛。

那么，蓝桥究竟长什么样呢？很遗憾，如今我们已无法一睹古蓝桥的真容，不过，我们可以从古代名画中感受一下神仙传说中桥的模样。例如元代画家王蒙的这幅《葛稚川移居图》。

这幅画描绘的是东晋人葛洪移居罗浮山修道的情景。葛洪是非

○［元］王蒙《葛稚川移居图》，故宫博物院藏

常有名的道教理论家和医药学家，世称“小仙翁”，他的医学著作中最早记载了有关天花的诊治方法。葛洪留给世人的印象就像是神话传说里修仙得道的神仙。这幅《葛稚川移居图》中，主人公葛洪站在一座桥的正中央，宽袍大袖，像不像一个老神仙？他身边站着一头鹿，鹿在古代有长寿的寓意，画中的这头鹿站在小仙翁的身边，自然也是一头仙鹿了。葛洪右手牵着仙鹿，左手轻轻摇着一把羽扇，似乎带着一缕清风徐来的凉爽。葛洪脚下的桥是一座梁柱桥，没有护栏，相对简单实用，显然和闹市繁华地段装饰华美的画桥不同。不过，桥面足够宽敞，桥柱和桥面都是木质的，木桩又粗又大，看得出桥面的承重力应该不错，行人、人力车、牛马等，可以放心通过。葛洪正扭头看向身后的方向，他的身后还有几位行人，有男有女，有的背上背着琴，有的牵着牛，牛背上坐着一个女人，女人怀里还抱着孩子，应该是葛洪的家眷。

虽然葛洪和那座桥是画的灵魂，但整幅画面占据面积最大的却是群山。《葛稚川移居图》体现了元代设色山水画的创作水平。王蒙继承了宋画的全景式构图，但又纠正了宋画因强调主峰而造成的单调。画面中群山环抱，层层相依，呈现出王蒙特有的“群峦叠嶂式”构图方式。王蒙也是一位色彩高手，他善于发挥花青、墨青、赭石、朱砂和藤黄的色彩效果，色阶变化细致微妙，把一片秋山的景色表现得淋漓尽致，群山深处的茅舍房屋，宁静悠远，远离尘世，还真有点仙境缥缈的味道。

《葛稚川移居图》中的桥虽然不是陕西的蓝桥，但群山环抱中的人与桥的画面，是不是很容易让我们联想到同样深处崇山峻岭中的蓝桥呢?

唐代绘画作品中也出现过群山环抱中的桥的画面，如相传由唐代著名画家李昭道创作的《明皇幸蜀图》，画面呈现的具体位置，据推测是在今天的陕西省汉中市略阳县的飞仙岭，是入蜀的必由之路。画的主题是安史之乱爆发后，唐玄宗李隆基入蜀避难，在崇山峻岭中艰难跋涉的情形。

○［唐］《明皇幸蜀图》，台北“故宫博物院”藏

《明皇幸蜀图》画面中最大的亮点，当然是唐明皇，他穿一袭颜色鲜艳的红衣，十分醒目，骑的是一匹三花黑马，正在一座小桥前徘徊。这是一座梁柱桥，桥柱比较粗壮，桥面也足够宽，可以供马匹并辔而行，很明显这不是一般的人行桥，而是位于交通主干道上的人货两用桥。汉中要地，无论是入蜀或者是出蜀，拉粮拖货，这座桥的作用都不可忽视。唐明皇提着缰绳，欲行不行的动态，客观上更加强调了这座桥稳定、牢固的物理特征。

以帝王之尊来烘托一座桥，在古代绘画作品中比较罕见。整幅画面中山势突兀、直入云霄，更加凸显了这座桥在群山万壑中的地位。或许可以这样说，正是这座小桥，在视觉上缓和了崇山峻岭带给人的压迫感，就好像唐玄宗并不是从这里去避难，而只是来了一场惬意的春游，看不到刀光剑影，只有春和景明的诗情画意。

尽管陕西的古蓝桥现在已全无踪迹，但在唐诗和唐画中我们还能见到唐代桥梁的常见形态。

其实，早在裴航蓝桥遇仙的故事之前，蓝桥就已经是唐诗中的一个重要意象了。

唐代元和十年（815）正月，著名诗人元稹西归长安，在他的《西归绝句十二首》中，两次提到他进入长安之前的必经要道——蓝桥。第十一首这样写道：

云覆蓝桥雪满溪，须臾便与碧峰齐。

风回面市连天合，冻压花枝著水低。

这首绝句勾勒出蓝桥如仙如幻的地势和美景，“云覆蓝桥”说明蓝桥所处的地势之高，仿佛和青山碧峰齐高了，再加上正值大雪纷飞的季节，蓝溪、蓝桥上覆盖着皑皑的白雪，从蓝桥向四处眺望，被白雪笼罩的整个原野连天接地，就好像是进入了一个无边无际的面粉的世界，含苞待放的花枝经不住厚厚的积雪的重压，慢慢向着结冰的水面低垂下去。第十一首写的是元稹来到蓝桥看到的景象，接下来第十二首也就是最后一首，写的是元稹即将离开蓝桥的时候：

寒花带雪满山腰，著柳冰珠满碧条。

天色渐明回一望，玉尘随马度蓝桥。

漫山遍野开着不怕冷的带雪的“寒花”，有可能就是梅花吧，低垂的柳条挂满了冰珠，真是一个晶莹剔透的冰雪世界。天刚蒙蒙亮，元稹再度出发的时候，心情应该是有些复杂的：“玉尘随马度蓝桥”，玉尘就是雪，马蹄踏雪行过蓝桥，前面不远的地方就是长安了，贬谪多年再度返京，等待他的命运将会是什么呢？

在经过蓝桥即将进入长安的时候，元稹的心情应该是既充满期待又不乏担忧的。

蓝桥附近有驿站名为蓝桥驿，来来往往进出长安的车马大多会在蓝桥驿歇脚。那时候的文人有在驿站写诗题壁的习惯，这种习惯有点像我们现在在网上留言发评论，认识或不认识的网友可以给留言点赞或者回复。像蓝桥驿这样的交通要道，更是留下了不少著名文人的墨宝。

就在这次元稹途经蓝桥进入长安之后，他原本期待着结束了多年的贬谪生涯，应该有机会在京城一展身手了吧，可是没想到，他正月进京，三月就等来了新的任命：他又被贬为通州司马，不得不再度离开长安。三个月后，元稹最好的朋友白居易也被贬为江州司马。白居易前往江州经过蓝桥驿的时候，习惯性地在诗墙上寻找着好朋友元稹留下的诗！他知道蓝桥同样是元稹进出长安的必经之地，元稹肯定会有感而发在这里题诗留念。

果然不出所料！虽然诗墙上题满了诗，但白居易仍然一眼就认出了元稹的笔迹，白居易真是感慨万千啊，他情不自禁地在好朋友的诗后面也题了一首《蓝桥驿见元九诗》：

蓝桥春雪君归日，秦岭秋风我去时。
每到驿亭先下马，循墙绕柱觅君诗。

白居易这是在和元稹隔空对话呢：元九啊，你当初回长安的时候在蓝桥遭遇了一场春雪，如今我离开长安的时候又碰上了秦岭的秋风。我已经习惯了每到一个驿站，就要下马先“循墙绕柱”一番，在墙上、在柱子上一行行、一首首找你的诗啊！

这说明什么呢？说明元稹留在驿站的题壁诗，成了白居易漫长的贬谪途中最大的精神安慰。他们不能朝夕相处，只能用这种隔空对话的方式互相安慰。正是这样的互相支撑，才让他们度过了最艰难的岁月。

“谁知别易会应难，目断青鸾信渺漫。情似蓝桥桥下水，年来流恨几时干。”（唐彦谦《无题十首·其五》）对于白居易和元稹来说，身不由己，别易会难，他们在蓝桥上擦肩而过，却又在蓝桥题壁的诗句里重逢。他们之间的感情，就好比蓝桥桥下的蓝溪水，流不尽的遗憾，但更流不尽的是互相牵挂、互相支撑的那份真情。

艰难的日子终究会过去，蓝桥的春雪秋风见证了知己给予彼此的慰藉，也终究会见证他们各自到达理想的地方。七年后，也就是长庆二年（822），白居易再度离开长安途经蓝桥，不过这一回，他不是被贬谪出京，而是赴杭州担任“一把手”——杭州刺史。所以，这一回白居易的心情和元和十年经过蓝桥的时候完全不一样了，能够去向往已久的“人间天堂”杭州做官，白居易感到无比的松快。在蓝桥驿留宿的那天夜里，月色极好，白居易心情轻松地写下了《宿蓝桥对月》诗：“明月本无心，行人自回首。新秋松影下，半夜钟声后。”这一回，他再也没有那种迫切想要找到安慰的栖栖惶惶，而是怡然自得地欣赏着蓝桥初秋的清新景致，“策马度蓝溪，胜游从此始”（《长庆二年七月自中书舍人出守杭州路次蓝溪作》），从此就要开始美好的旅程啦，理想马上就要实现啦，这一路都是赏心悦目的好风景啊，轻松愉快的情绪简直是呼之欲出。

你看，蓝桥是不是一座非常善解人意的桥呢？从唐朝开始，蓝桥就成了这样一座让有情人终成眷属的桥，让好朋友梦想成真的桥，“蓝桥会”“蓝桥约”“蓝桥梦”几乎成了梦想成真的代名词。

在以爱情为主的宋词的世界里，蓝桥更是成为词人们尤其青睐的意象。比如苏轼就引用过蓝桥的典故。在他的《南歌子》词中曾经这样写过：“卯酒醒还困，仙村梦不成。蓝桥何处觅云英。只有多情流水、伴人行。”卯酒就是卯时喝酒，也就是早上的五点到七点喝酒，大家先别觉得奇怪，苏轼还喝卯酒？其实，唐宋人喝早酒并不新奇，白居易就说过喝卯酒能让人神清气爽。而且，唐宋时候的酒度数很低，多数情况下和我们今天喝的甜酒度数差不太多，所以喝卯酒也没什么值得大惊小怪的。不过，苏轼的酒量肯定比不上他的偶像白居易，他可能学着白居易喝卯酒，但是学不来白居易喝了卯酒以后的神清气爽，反而是半醉半醒地直犯困：“卯酒醒还困，仙村梦不成。”

苏轼这首词很可能也是去长安办事途经蓝桥的时候写下的。既然他也在蓝桥投宿，那自然会想到他的偶像白居易当年经过蓝桥题诗的故事，会想到裴航在蓝桥遇到命中注定的云英的故事，可惜的是，酒是喝得半醉了，做梦却没有梦到遇见神仙，醒来也并没有看到传说中的天仙云英，只有蓝桥下多情的蓝溪水，一直追随着他的脚步，从未停歇。

苏轼当然并不是真的想和传说中的云英来一场浪漫的邂逅，他当然也知道自己不可能偶遇什么天仙，他只是想用蓝桥相会的故事，来表达自己追求理想的执着：“只有多情流水、伴人行。”

中国的蓝桥，不仅仅见证着爱情，更跨越着从现实到梦想的距离，见证着追梦人一路崎岖但仍一路向前的艰辛与坚持。

“情似蓝桥桥下水”，蓝，是一种梦幻的色彩，蓝桥，是一座梦想的桥。中国的蓝桥，不仅拥有绿色的蓝桥流水，拥有玫瑰色的蓝桥密约，还拥有深蓝色的蓝桥梦想与奔向梦想的无怨无悔。

走上蓝桥，让梦中人向着你，迎面走来。

第十二集

草桥惊梦

——宇宙的尽头是一座桥

在山西通往长安的古道上，有一座草桥，书生张珙与崔莺莺在长亭依依惜别后，独自走到了这里。当他回首望去，普救寺已隐没在暮霭之中，无从追寻。深秋时节，树木的叶子大都已经枯黄，连马儿也显得疲倦不堪，迟迟不愿再前行。秋风凄厉，离愁别恨弥漫在张生的心头。心力交瘁的他停下了脚步，决定在草桥旁的客店借住一宿。躺在单薄的床褥上，他辗转反侧，难以入眠。

自与张生离别之后，莺莺也心痛得几乎要化成灰烬。她的心中满是牵挂和忧虑，这种相思让她坐卧不安，短短几天就消瘦了不少，连平日里她最钟爱的翠裙都宽松得再也穿不上身。被思念折磨得无法忍受的莺莺，瞒过母亲，偷偷一人私自出城，穿越了荒凉的郊外，连夜追上张生。见到莺莺，张生欣喜不已，一把将莺莺搂在怀中。看着莺莺娇喘吁吁，绣鞋上沾满了露水泥沙，衣衫也被树枝弄破，张生心如刀绞。两人紧紧相拥，泪如泉涌，互诉相思之苦。这份汹涌的爱意如洪水袭来，一发不可收。正当两人情意绵绵，难舍难分之际，突然屋外传来一阵吵吵嚷嚷的呼喊声和急促的敲门声。张生心惊胆战地打开门，只见一帮凶恶的贼兵冲了上来，他们持剑抡斧，一拥而上，意图抢夺莺莺。就在这危急关头，张生猛然惊醒，才发现一切不过是一场梦而已。

这一幕跌宕起伏的场景，就是《西厢记》中的“草桥惊梦”。在跨越江河流水、深沟幽壑的桥畔，传奇的爱情故事常常在此悄然萌发。张生的“草桥惊梦”也是如此。

张生，出身书香门第，儒雅俊朗，二十年萤窗雪案，才华横溢。崔莺莺则是前朝相国千金，天生丽质，才貌双全，琴棋书画无一不精。一对才子佳人，彼此情投意合，却不幸被莺莺母亲顽固的门第观念所阻隔。礼教的樊篱宛如横亘在他们之间的暗礁险滩，而这远方的林间草桥似乎成了他们心灵的港湾，为两颗流离失所的心铺就了一条通往彼此的路：梦中莺莺勇敢地突破了“相府门第”的桎梏，挣脱了“父母之命”的约束，为爱情奋不顾身。她不图虚名，不羡富贵，用自己的方式慰藉了张生的思念，给这份陷入困境的爱情注入了新的生命力。

循着《西厢记》的风月溯流而上，这个故事的源头本是唐代元稹创作的传奇《莺莺传》，又名《会真记》。细心的读者会发现，在《莺莺传》中，并没有“草桥”的身影，张生与莺莺爱情故事的结局也迥然不同。

元稹塑造的故事原本是这样的：崔氏孀妇带着女儿和家仆回长安，途经蒲州（今山西省永济市蒲州古城），寄居在蒲州东边的普救寺，却在此遭遇了草寇抢劫。幸而张生与蒲州将领有旧，危难之际及时请来官吏护卫，使崔家得以保全。崔氏为表感激，设宴酬谢，并命儿子欢郎与女儿莺莺向张生敬酒，以兄礼相待。在这次宴席上，张生邂逅了光彩动人的莺莺，心生倾慕。随后，他寻得莺莺的丫鬟红娘传书递简，与莺莺幽会于西厢。然而，为了求取功名，张生两次离开蒲州上京应试，皆未能如愿。最终，张生负心，弃莺莺而去。一年后莺莺另嫁他人，张生亦有所娶。

莺莺，一个深受闺训熏陶的女子，娇羞矜持却又不失果敢。伦理的束缚与对爱情的向往在她的内心不断拉扯。在初会张生后，莺莺写下“待月西厢下，迎风户半开。拂墙花影动，疑是玉人来”的诗句表达期待，却又在张生应约翻墙而来时反悔指责。然而，几天后，莺莺又出人意料地“自荐枕席”，与张生在西厢共度欢愉时光。当寺钟响起，离别时刻到来，大胆热情的莺莺又流露出柔情与不舍。

面对张生的始乱终弃，莺莺只能默默承受。在写给张生的回信中，莺莺全然没有责怪之意。她如同一个迷途少女，除了抒发内心的悲痛，更多的则是自怨自艾，感叹命运弄人，怨自己未能坚守礼法自献于人。对于张生，她用一种近乎屈辱的自白，表达了自己坚贞不渝的赤诚和绵绵不绝的爱意。而张生，却将这段曾令他“行忘止，食忘饱”的恋情，视为年少轻狂的一次错误，莺莺则是让他一度迷失的红颜祸水，而他后来的负义行为却被自誉为“德不足以胜妖孽”的补过之举。

在唐代士人的婚恋观念中，婚姻常被视作阶层跃迁的桥梁，门阀世家则成为他们跻身仕途的重要筹码，爱情远不如功名大业来得重要，女性则往往成为这一过程中的牺牲品。正如同陈寅恪先生所说的那样：“唐代社会承南北朝之旧俗，通以二事评量人品之高下。此二事，一曰婚，二曰宦。凡婚而不娶名家女，与仕而不由清望官，俱为社会所不齿。”“清望官”在唐朝一般是指三品以上的高官。如果娶妻娶不到名门闺秀，入仕不当到三品以上的高官，那都是要被人看不起的。

《莺莺传》的作者元稹，就是这种婚恋观念的践行者。元稹家境贫寒，门第不高，在结婚的时候他还只是一个刚刚步入仕途的九品秘书省校书郎，一穷二白。他的结发妻子韦丛却出生于名门望族，其父韦夏卿当过京兆尹，韦丛下嫁元稹的时候，韦夏卿还兼着太子宾客、检校工部尚书的职位，是典型的朝廷高官。显然，婚姻是元稹实现仕途高升目的的一条捷径，而他的岳父韦夏卿则是慧眼识珠，用女儿一生的幸福来赌女婿飞黄腾达的未来。

正因为有着这样的社会风气与成功标准，以作者元稹的视角来看，张生的始乱终弃、莺莺的逆来顺受就成了必然的合理选择，张生与莺莺的“爱情”注定会因为缺少一座“桥梁”的联结而中途夭折。

《莺莺传》起初在士大夫阶层中流传，后来逐渐走向市井说唱。北宋时秦观、毛滂等人都写有以崔莺莺为主人公的歌舞词；安定郡王赵令畤更是创作了鼓子词《商调·蝶恋花》，再度演绎了这一故事，他以《莺莺传》作为说白，谱有十二首《蝶恋花》为唱词。不同于唐代文人对张生的普遍赞美，鼓子词中写道："弃掷前欢俱未忍。岂料盟言，陡顿无凭准。地久天长终有尽，绵绵不似无穷恨。"可见其对张生负心薄情的不满和对两人结局的遗憾。

相较唐代而言，宋代科举取士制度更加完善，更多的寒门庶族有机会通过科举考试"一举成名天下知"。因此，士人们的婚姻观念有了一定程度的改变，但婚姻，仍然是一次次功利性的博弈。因此，尽管这一段在《莺莺传》中不被认可的爱情在宋代被赋予了美的价值，但其故事的情节并无本质变化，依旧是一场"镜破人离"的爱情悲剧。

直到金代董解元的《西厢记诸宫调》，张生和莺莺才突破了之前困守的道德藩篱，展现出了前所未有的勇气和坚韧，为了爱情与崔老夫人抗争。虽然在种种外在势力的围追堵截之下，一对相爱之人依然经历了痛苦的别离，但他们的感情并未就此破碎。金代《西厢记诸宫调》与唐宋流传版本的最大不同之一就是增添了"草桥惊梦"的情节：与莺莺分别后，张生夜宿桥边村店，梦见野水桥畔，佳人映月而来的一幕。

故事中的莺莺和张生等过了唐朝、等过了北宋，这一等，就等了几百年。他们终于等来了一座桥，虽只是一座简陋的草桥，却终于为他们续上了一段濒临断裂的情缘。

"梦魂惯得无拘检，又踏杨花过谢桥。"（晏幾道《鹧鸪天》）

○［清］禹之鼎《会真全图（西厢故事图卷）》，切斯特·比替图书馆藏

对于无望的爱情来说，只有在摆脱了一切现实羁绊的梦境中，才能为绝望的爱人搭一座通往希望的桥吧！

张生梦里那座无名的草桥，改变了他和莺莺在现实中的无可奈何、无能为力。梦中，莺莺不再是那个屈从于命运、被动接受一切的牺牲品，她终于奋起反抗，更为勇敢主动、不顾一切地追求着自己的爱情。

虽然，在董解元的描述中，“自今至古，自是佳人，合配才子”，张生想要和莺莺相守相依，那就首先要科举荣身。所以当两人的恋情暴露时，张生主动提出进京求取功名；小亭离别时，莺莺劝勉张生“少饮酒，省游戏，记取奴言语，必登高第”；桥边夜梦中，莺莺与红娘私自渡河而来，既是为了爱情，也是为了陪张生一同求得功名……两人虽未能完全挣脱世俗标准的桎梏，但草桥的出现已然暗示了他们内心突破樊篱的挣扎和追求。这座草桥摆脱了因循守旧的传统轨道，为分离的恋人创造了重新联结的机遇，正如爱情在我们生活中所扮演的角色——瞬时将你引渡到彼岸，使你遇见另一个自己。

在唐代版的崔张恋中，张生和莺莺爱得偶然，分得必然，因为他们各自都还可以有，也应该有“更好的”选择；但到了金代版的崔张恋中，“草桥惊梦”昭示着张生和莺莺已然意识到，他们是彼此的唯一——没有其他的选择，没有更好的选择。只有你！还是你！

在经典电影《廊桥遗梦》中，有一句这样台词：“原来我一直在走向你，而你也一直在走向我已经很久了，尽管在相遇以前我们并不知道彼此的存在。”（I’m coming to you as you’re coming to me for so long, although we haven’t known each other before the date.）男主角罗伯特还对女主角弗朗西斯卡说过这样一句话：“直到今天我才知道，我以前的所有漂泊都是为了向你靠近。”（Seems right now, that all I have done in my life was making my way here to you.）

张生和莺莺的爱情，也是这样吧？在芸芸众生中，发现了一个你而且只有一个你，可以安顿自己漂泊的灵魂。于是，两个孤独的灵魂都在寻找一座桥，可以引渡彼此，从此合二为一。

意识到对方是彼此的唯一，意识到梦中的那座桥是通往彼此的唯一路径，相爱的两个人才会更加勇敢。张生和莺莺的爱情命运才能最终得以改变。

到了元代，王实甫的《西厢记》进一步深化了这一主题。张生与莺莺彼此倾心，源自内心深处纯粹而炽热的悸动，不掺任何杂质。面对封建大家长崔老夫人的赖婚说辞，张生与其抗争到底，断然拒绝所谓的“兄妹之礼”，斥责老夫人背信弃义。即使崔老夫人逼迫张生求取功名，莺莺也从未在乎过张生能否谋得一官半职。在荒野的桥边梦乡，世俗的枷锁、路途的艰难都无法阻拦爱人的脚步，离别的有情人得以相聚，只愿生死相随，别无所求。这份对爱的坚定是他们相守相依的原动力，也是他们面对一切困难与挑战的力量源泉。

那么，问题来了！

为什么是草桥惊梦，而不是石桥惊梦、木桥惊梦、铁桥惊梦？

草桥有何不同？

要知道，经过了唐宋桥梁建筑技艺的飞跃式发展，元代的桥梁建造工艺更为成熟了。《马可·波罗游记》中就记载了成都府锦江之上有一座石桥，以大理石为柱，上承木制桥顶，并绘有色彩鲜明的五彩图纹。依据其描述，成都市重建了这座廊桥，命名为安顺廊桥。这座廊桥位于市集中心，桥面两侧布满了各种木制的桥屋商铺，鳞次栉比。每天清晨，商贩和手工艺人们会把铺面搭建起来准备开市，等到夕阳西下又撤除摊位回家。桥下的江面上，船舶往来频繁，航运繁忙，商贾络绎不绝。桥上还设有专门的征税机构，每日收取的税费相当可观。在意大利旅行家马可·波罗眼中，元代桥梁建筑十分高明，贸易相当发达，经济非常繁荣。

于是我们忍不住产生这样的疑问：比起那些美轮美奂的桥梁，崔张恋中的那座草桥是不是太过简陋了一点？简陋的草桥又是否能配得上他们惊天动地的爱情？

当然，我们也可以把草桥仅仅理解为一个地名，很多地方的确都有“草桥”之称。例如元代北京右安门外西南即有草桥村，是京城养花的地方，元代人多在此处修建园亭。这里既与都市保持了一定距离，更具天然野趣；又与城市相依为邻，交通便捷。

又如明代诗人赵时春《游草桥张氏庄同刑曹诸部长泛舟二首》中的“草桥”就是北京地名，从诗中可见草桥地处城外的乡间草野：“风送春波去，云随野棹来”，“泽畔蒲孙出，蹊间蕙草长”。

那么，草桥在什么情况下最为常见呢？

根据明人吕坤《实政录》中“修理桥道”篇的记述，当“山溪暴涨，横路黄流，秋正湍急”的时候修桥不大容易，要等到冬月“水寒难涉，水浅易功”之时修桥，而且“狭者可以为木桥，阔者可以为草桥，或聚石块覆以土薪，或缆小舟加以板叶（浮桥）”。从十月一日开始搭桥，次年三月十五日拆收，主持修桥的人可以被免除杂役，捐资的人更要重行褒奖，因为这是“便民之急务也”。

吕坤是明代著名的政治家、文学家，是万历年间“三大贤”之一，他的这段记载说明了木桥、草桥、浮桥等相对于建筑工艺复杂的石拱桥而言，更适宜在山间乡野的秋冬之际搭建，而且可以根据当地居民的实际需求临时搭建与拆卸，更为灵活方便。因此诗词中多用草桥意象来渲染秋冬清寒萧瑟之景致，如“霜重草桥秋色晚”（陈廷敬《秋日草桥见龚大宗伯芝麓题壁诗感旧有作》）、“初识临沂路，冰痕啮草桥”（吴雯《沂州道中寒甚》）、“万叠嶙峋怪石，千林曲折寒枝。茅屋隔溪无路，草桥倚涧将欹”（王岱《题雪景赠萧缉敬》），等等。

由此看来，崔张爱情中关键的“惊梦”情节被设置在草桥边，并非偶然，而是作者有意的安排。元代《西厢记》中的“草桥惊梦”具备这样两大要素：其一是季节为深秋，因此“草桥惊梦”渲染了深秋的萧瑟之景，更契合旅人的孤寂和茫然之感，为后文的莺莺入梦铺垫了情绪，营造了凄冷孤寂和温情蜜意的强烈对比；其二是远离城市，又充分营造了自然野趣的氛围，更增添了莺莺独自长途奔波的情感强度与浓度，凸显了莺莺深情和勇敢的个性特征，也让张生真正清晰地意识到这份爱情之于自己不可或缺、不可替代的意义。正像后人吟咏的那样："一天月色照人痴，两路茫茫未觉时。谱出草桥魂未定，蒲东幽梦更谁知？"（钱肃乐《戏题西厢四绝踵韵》）

所以，"草桥惊梦"之所以必须发生在草桥，是因为草桥的两大特质：野和冷！因为清冷，才更显出爱情之火的炽热与温度；因为僻野，才更显出爱情野蛮生长呈现出的摧枯拉朽的力量！

"旅馆欹单枕，秋蛩鸣四野，助人愁的是纸窗儿风裂。乍孤眠被儿薄又怯，冷清清几时温热！"夜深人静，张生独宿于草桥畔的简陋旅店，辗转反侧于孤枕之上，梦寐难安。寂寞的旅馆里别无其他，唯秋蛩凄鸣，声声入耳。夜里的风，仿佛化作了锋利的冰刃，狡黠地穿过斑驳纸窗的缝隙，每一缕都精确无误地穿透张生身体的防线，直抵他心灵最柔软也最脆弱的地方。尽管他已经竭尽全力，蜷缩在那单薄的被褥之中，但也无济于事，他只感到无尽的寒意在四周弥漫。然而，与这外界的凄冷夜色相比，更令人心寒的，其实是张生心底悄然滋生、蔓延开来的孤寂与寒凉。它无声无息，却比任何物理上的寒冷都更为刺骨。

他渴望有人能理解他的孤独，渴望有人能温暖他冰冷的心房。然而，现实的距离横亘其间，将他与心中的她分隔于千山万水之外，漫漫长夜更显凄凉与寂寥。在这荒野无尽的黑暗中，他对莺莺的思念非但未减，反而如烈火般炽热，愈发强烈。闭上双眼，他仿佛能看到莺莺就在自己身边，她的笑靥如花、她的轻声细语，如同春日里最和煦的阳光，悄然融化了周遭的冰冷与孤独，给予他片刻的安宁与温暖。

离愁深重，梦境却美得令人沉醉，不愿醒来。然而，当张生“惊觉”后，一切又复归于旅店那冰冷的现实之中。现实是何模样？只见昏沉的天幕下，树影轻拂，半掩着高耸的墙垣，静谧之中，唯有门外落叶随风簌簌作响。寒窗内，莺莺的倩影不在，唯余孤灯与风声、虫鸣交织在张生的身边。刺骨的寒意再一次，并且更为强烈地向他席卷而来。

此刻，张生心中对莺莺的思念并没有因为梦醒而消散，反而在清晰的刺骨之寒中愈发鲜明浓烈。孤单与寒冷，如同深渊吞噬着周遭的一切温暖，却恰恰成了他对莺莺思念之情的催化剂，使得思念愈发浓厚，几乎要溢出他的胸膛。他凝视着河畔的柳丝，仿佛每一缕都牵动着他对莺莺咫尺天涯的深情厚谊，桥下的水声潺潺，似乎也在低语呜咽着他满腹的别恨离愁。这份思念，如同明镜般映照出他对莺莺深沉而真挚的爱意，也悄然孕育了他对这份爱情坚定不移的信念与执着。

草桥具有自由、野性的动人之处，也是情欲蔓延的理想之地，它打破了时空的界限，使我们对现实生活展开无限想象——也许在纯洁无瑕的爱情世界里，阶层、身份都变得微不足道，雄心壮志、宗俗规条也都无足轻重。

爱情就是你中有我，我中有你，不过如此。

东方的张生与莺莺是如此；西方的罗伯特与弗朗西斯卡也是如此。

小说《廊桥遗梦》的开篇有这样一段话，“在一个日益麻木不仁的世界上，我们的知觉都已生了硬痂，我们都生活在自己的茧壳之中。伟大的激情和肉麻的煽情之间的分界线究竟在哪里，我无法确定。但是我们往往倾向于对前者的可能性嗤之以鼻，给真挚的深情贴上自作多情的标签，这就使我们难以进入那种柔美的境界。”[①]在美国艾奥瓦州麦迪逊县那片宁静而野趣横生的乡间，弗朗西斯卡与摄影师罗伯特那一场意外而美妙的邂逅，使浪漫的情愫在古朴的罗斯曼桥上悄然萌芽。

①罗伯特·詹姆斯·沃勒：《廊桥遗梦》，资中筠译，译林出版社，2016，第 4-5 页。

在弗朗西斯卡的引导下，罗伯特驾驶着那辆有些破旧的皮卡，穿行于尘土飞扬的乡间小径。随着车辆的缓缓停靠，罗斯曼桥映入眼帘。四周，树木葱郁，野草繁茂，狗尾草在微风中轻轻摇动，一簇簇黄蓝相间的野花点缀其间。

弗朗西斯卡漫不经心地踏上这座老旧的廊桥，她踱步于桥上，不经意间，也成了罗伯特镜头中的风景。当她步入红色的廊屋，这个与周遭世界隔绝的小小空间让她逐渐卸下心防。透过围栏的缝隙，她的目光不由自主地落在了罗伯特身上。他，一身随性的牛仔装扮，站在黄绿交织的荒草丛中，浑身散发出一种难以言喻的自由与不羁，就像这片未被驯服的土地一样，让人情不自禁地被吸引。

为了平复这份突如其来的悸动，弗朗西斯卡回到车边，拿起一瓶冰镇啤酒，轻轻抿了一口，试图让清凉的感觉平息内心的波澜。而当她再次穿过廊桥，罗伯特向她递来一束野花。

花，没有人给她献过花。而这一束不知名的乡野小花，却像是大自然中最原始的呼唤，触动了她内心深处对爱情本真的渴望，那是她长久以来未曾体验过的柔情与浪漫。自那一刻起，弗朗西斯卡那被家庭琐事包围的生活里，绽放了野花、诗歌、音乐、舞蹈的光彩。一切甜美得如同玫瑰色的梦境，温柔地拥抱着她。

然而，狂热的爱意如潮水般汹涌而来，却也带给了她深深的苦痛。在她的内心深处，有两股力量在激烈交锋：一边是那份让她心潮澎湃、充满蓬勃生命力的爱情，它如同盛夏的烈日，照亮了她的世界，给她的生活带来了前所未有的活力和色彩；另一边则是她长久以来所承担的家庭责任与生活的安定，它们像一堵坚实的墙，冰冷却极其稳固，让她难以割舍。

在这场心灵的战役中，她的思绪在爱与责任之间不断徘徊，每一次抉择都让她的心有如刀割。然而，最终，她决定听从自己内心最真实的声音，勇敢地迈出那一步。她深知，这份爱情虽伴随着痛苦，但正是这份情感的纯真与炽热，让她感受到了生命的真实与丰富。

于是，在一个漆黑的夜晚，弗朗西斯卡鼓起勇气，在廊桥左侧的入口处留下了一张小纸条，"'当白蛾子张开翅膀时'，如果你还想吃晚饭，今晚你事毕之后可以过来，什么时候都行。"[①]正如廊桥上饱含深情的告白，她的爱情也在这座桥上，以最原始、最纯粹的方式，野蛮而热烈地生长着。

①罗伯特·詹姆斯·沃勒：《廊桥遗梦》，资中筠译，译林出版社，2016，第112页。

被困在农夫之妻身份下的弗朗西斯卡，再会了她那不勒斯少女的纯真与热情。而罗伯特，这个漂泊于岁月河流中的旅人，在这不期而遇的邂逅中找到人生的浮木。游离于宇宙间的美好恰恰需要一个信使为彼此引见。桥的迷人力量，大概正在于此。

然而，"廊桥遗梦"与"草桥惊梦"的结局终究不同。因为弗朗西斯卡还有家庭的责任需要背负，她不能像莺莺那样不顾一切。

故事的结局，弗朗西斯卡选择了承担家庭责任，留在了艾奥瓦，而罗伯特则独自离开，继续他的漂泊。而当两人与这个现实世界告别之时，他们不约而同地选择将自己的骨灰撒在罗斯曼桥。虽然，他们的相处只持续了四天，但这一确切的爱却超越了时间，成为永恒。

正像罗伯特对弗朗西斯卡说的那样：“这样确切的爱，一生只有一次。”

在现实的围困下，是这样坦诚、毫不犹疑的爱，令人充满力量，奋不顾身地踏上征程，仿佛能跨越千山万水，勇敢无畏地迎接所有的甜蜜与心碎。

因为一座桥，相爱之人得以相见。也许可以说，幸好有这么一座桥，编织了一个美梦，让两个独立的个体相互交融，重燃了生命的火光，创造了一个独属于彼此的宇宙。

宇宙的尽头，原来是一座桥。

《西厢记》大约创作于元贞、大德年间（1295—1307），这是一个粗犷剽悍的时代。在多元文化的强势冲击下，根深蒂固的封建伦理观念逐渐松动，自愿、自由的恋爱开始被人们接纳和认可，文人更是向往那份纯洁而质朴的爱情。正如“草桥惊梦”中莺莺掷地有声地唱道：“不恋豪杰，不羡骄奢；自愿的生则同衾，死则同穴。”

尽管被驱于庙堂之外，汉族知识分子，特别是南人士子的社会地位跌到了谷底，但他们仍然坚持着自己的文人身份与文人精神。虽然“学而优则仕”的传统老路已不再通畅，但得益于元代草原文化、农耕文化等多元文化的碰撞与融合，他们走出了另一条放纵洒

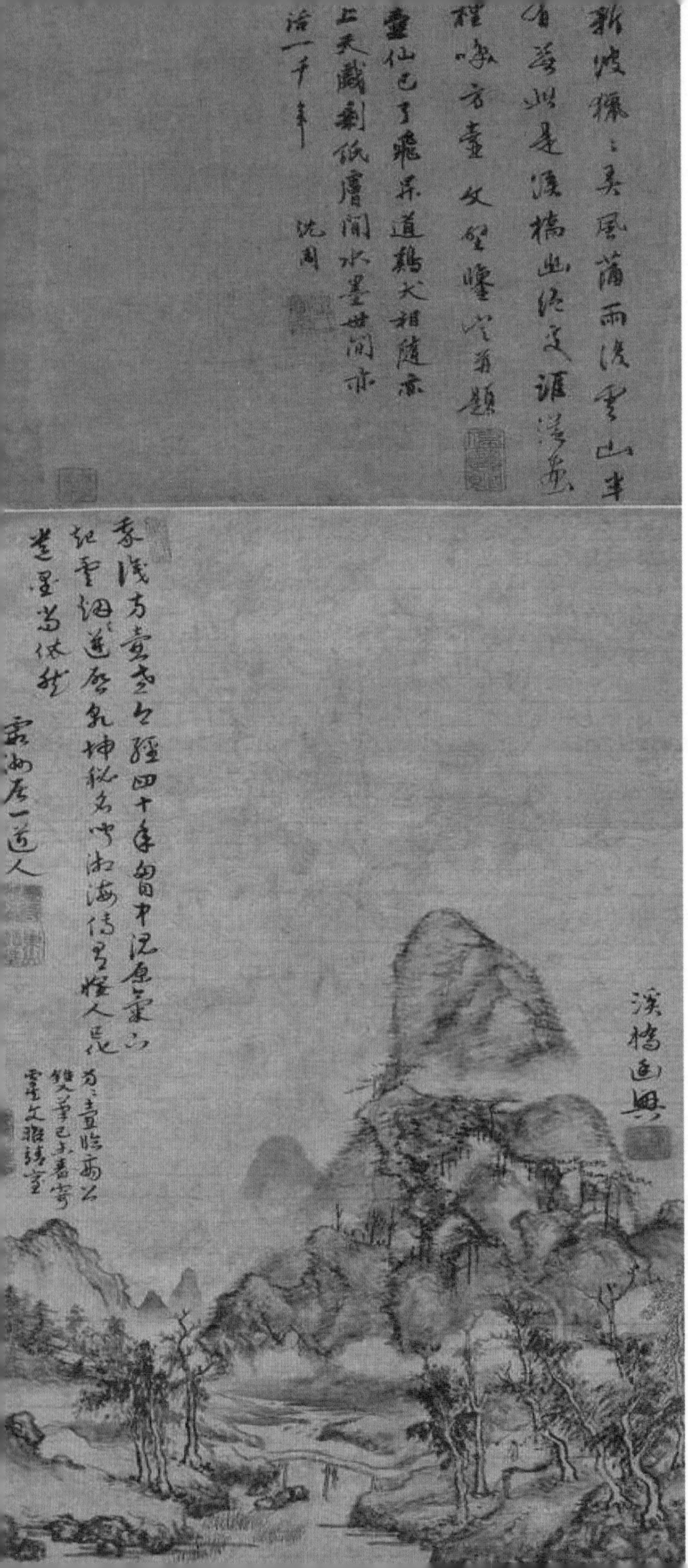

○［元］方从义《溪桥幽兴图》，故宫博物院藏

脱的人生道路。他们从书斋走向了民间大众，用他们的笔触和才华，开启了元曲繁花似锦的时期。在元人的笔下，桥梁成了梦的栖息地，它出现在困顿时刻，给予理想的牵引，为曲中人的爱情，以及他们自身的不甘和反叛找到了容身之所。

他们，每一个都是疲惫不堪却又怀揣执念的旅者。他们纶巾青衫，满身风尘，只为寻那一座梦中的草桥，那座能让他们的心灵得以安顿的草桥。

那座草桥，远离城市的喧嚣，远离熙熙攘攘的人群，看似孤独，却承载着对自由的无限渴望。

元代画家方从义的水墨画《溪桥幽兴图》就描绘了元人心目中那座孤独而自由的草桥。

在画中，高山耸立，云雾缭绕，宛如缥缈的仙境。山间溪水潺潺，清澈见底，流淌出自然的和谐与宁静。林木葱茏间，隐约可见茅舍掩映，为这幅幽静的画面平添了几分生活的温馨与灵动。一座草桥横架于溪流之上，虽简陋却洋溢着生命的活力，桥上的每一根草都画得栩栩如生，仿佛正随着微风轻轻摇曳，散发出淡淡的草香，令人陶醉。

草桥的一侧，有一人于林间小径上策杖前行，背影中透露出孤傲与洒脱。他或许是一位寻幽探胜的文人，正要踏上这座小桥，走入山林的更深处。而这座稚拙的草桥，仿佛是大自然留下的一条神秘通道，静静地横卧在那里，等待着画中人给它留下一段足迹、一个故事、一篇回忆……

“青苔古木萧萧，苍云秋水迢迢。红叶山斋小小，有谁曾到？探梅人过溪桥。”元代散曲家张可久的这曲《天净沙 · 鲁卿庵中》或可诠释这幅画的画意。那位走过青苔古木、看过苍云秋水的“探梅人”，可曾想过，他在走过那座溪上草桥的时候，会遇见谁？会经历什么？又会留下什么？

无论是张可久曲中的溪桥，方从义画里的草桥，还是《廊桥遗梦》里的廊桥，或者张生梦里的草桥，它们都独立于幽远偏僻的村野山林，却偏偏蓄积着无比自由与热烈的生命张力。

那一弯清澈的小溪，那一座孤独的草桥，如同大自然布下的一个迷阵，巧妙地隐藏在野外，却似乎能引领那在繁华城市中几近迷失的心灵，一步步触到辽阔的天空。

那座草桥，外表看似不堪重负，内在却蕴含着惊人的韧性与力量。它悄然架构起一条超越尘世的秘密通道，释放了潜藏在内心深处最强烈最纯真的渴望——挣脱世间的枷锁，拥抱那份纯粹且炽热的爱与梦想。

那座草桥，它一直在耐心等待，等待有人走上它，看到它在山风中摇曳的野草，听到桥下溪流带着疼痛却依然坚定的呢喃声，那是开启自由世界的神奇钥匙。

那座草桥，它一直在安静等待，等待有缘人在桥边相遇，它愿意以红叶点缀他们的秋，以山斋温暖他们的冬，以岭梅迎接他们的春。

那座草桥，它一直在虔诚等待，等待漂泊在这个世界的流浪诗人，等待从未放弃理想的追梦人，等待他们在这里解开枷锁，豁然开朗。

它等来了蔑视世俗礼教、执着于心中所爱的莺莺与张生，它等来了燃尽所有激情却依然勇敢背负责任直到生命尽头的罗伯特与弗朗西斯卡，它看到他们以各自的方式彰显着生命的张扬与炽烈，它看到他们终于可以抛开一切羁绊，肆无忌惮地拥抱在一起，也终于拥抱了那个最真实、最本真的自己。

是那座草桥，让他们懂得：爱上一个人，其实是爱上另一个自己！

原来，宇宙的尽头是一座草桥，繁华落尽，野蛮生长。

第十三集

南浦新林过板桥

——谁说站在光里的才算英雄

公元15世纪，文艺复兴的发展推动了欧洲社会的进步，远洋航行成为可能。葡萄牙人一步步进军海洋开启了探索时代，意大利航海家克里斯托弗·哥伦布发现了美洲大陆，欧洲从沉睡中苏醒，踏上了波澜壮阔的现代化征程。而此时，东亚的大明王朝仍沉浸于绿瓦红墙的辉煌之中，金水桥宛若玉带威严驻守在殿宇森森的紫禁城，见证着时代更迭宦海沉浮。在繁华京城万里之外的西南边隅，则有一座无名板桥，它静静地横卧在蛮荒之地，既是艰难路途的缩影，也是连接中原与边地、旅人与故乡的必经之路。

这座无名的板桥从来没有想过，它会反反复复迎来并送走一位超重量级的“嘉宾”。

这位超重量级的人物，叫作杨慎。

杨慎这个名字，或许并非家喻户晓，但他的

一首词绝对可以称得上是家喻户晓。

滚滚长江东逝水，浪花淘尽英雄。是非成败转头空。青山依旧在，几度夕阳红。

白发渔樵江渚上，惯看秋月春风。一壶浊酒喜相逢。古今多少事，都付笑谈中。

这首《临江仙》之所以在中国大地上被广为传唱，最初要归功于明末清初的文学批评家毛宗岗在批注《三国演义》的时候，将这首词移植过来，放在了《三国演义》的开头。作为四大古典名著之一，《三国演义》的广泛流传让这首词也跟着沾了光，一跃而跻身为历代最有名的词作之一。尤其是20世纪90年代的时候，《三国演义》被拍成了电视连续剧，这首词又被谱成流行歌曲，作为电视剧的主题歌，一时之间唱遍了大江南北。

不得不承认，毛宗岗有其独到的眼光，他将这首词作为《三国演义》的“卷首词”，是因为三国时的那些英雄人物也曾叱咤风云，也曾指点江山，也曾笑傲江湖。三国鼎立，豪杰争霸，他们曾有过多少荡气回肠的故事，而这一切，终究都随着时光的流逝，仿佛滚滚长江东逝水，后浪推前浪，在波诡云谲的历史进程中，变成了一段遥远的回忆——“古今多少事，都付笑谈中”。

不过，这首词是火了，可是很多人反而忽略了它真正的作者——那位被公认为代表了明代词坛最高成就的“一代词手”杨慎。

杨慎（1488—1559），字用修，号升庵，四川新都人（今成都市新都区）。他出生在一个官宦世家，书香门第。请注意，“官宦世家，书香门第”可不是一句常规介绍的套话，因为对于杨慎来说，这八个字的介绍具有非同寻常的意义：从他的曾祖父算起到其子侄一辈，杨氏一族已经是五代为官，其父杨廷和官至宰相。而从他的祖父那一辈算起到其侄儿，四代人中出了六个进士。

出身相门的杨慎，自小聪慧，很早便树立了“致君尧舜”、经世济民的政治理想。他十二岁时便能拟作《古战场文》，有“青楼断红粉之魂，白日照翠苔之骨”之句。二十岁应四川乡试时，批阅试卷的四川提学刘丙赞其为苏轼般罕见的人才，曰“吾不能及庐陵欧阳修，得士乃如眉山苏轼”。意思是我虽然远远不及欧阳修，可我选拔的学生杨慎却比得上当年的苏轼啊！

然而，当年的苏轼并未摘得状元桂冠，二十四岁的杨慎却在殿

试中一举夺魁，以状元身份得授翰林院修撰一职。在明代，翰林院是内阁阁臣的选拔之地，有“非进士不入翰林，非翰林不入内阁，南、北礼部尚书、侍郎及吏部右侍郎，非翰林不任”（《明史》卷七十）之说，可见，杨慎的仕途起点之高。然而就是这样一位出身相门的状元才子，他的仕途经历却极为坎坷。

正德十六年（1521），明武宗驾崩，武宗无子，武宗的母亲张太后与当时正任首辅的杨慎父亲杨廷和商议，由武宗的堂弟朱厚熜继承皇位，第二年改元嘉靖。朱厚熜就是历史上的明世宗。

本以为年仅十五岁的朱厚熜少不更事，可没想这个少年竟老成持重，有着独断霸道的个性。

○［明］仇英《观榜图卷》，台北“故宫博物院”藏

四月，臣子们迎请他自东安门入宫，暂住文华殿，择日登基。可朱厚熜一听就不乐意，执意要走皇帝进京的特别通道——大明门入奉天殿，而非为太子专设的东安门。双方僵持不下，朱厚熜斩钉截铁地表示，若不按皇帝待遇入宫，他就回安陆继续当他的王爷。国不可一日无主，最终，臣子们妥协，毕恭毕敬地将朱厚熜从大明门迎入宫中。而这，仅仅是少年唯我独尊的初次试探。

根据《皇明祖训》中的“兄终弟及”原则，朱厚熜必须过继给武宗之父明孝宗为子，改称自己的生父为叔父。但嘉靖帝朱厚熜以藩王身份继位后，却想立生父兴献王为皇考，“命礼臣集议兴献王封号”（《明史》卷十七）。于是乎，皇帝和朝臣之间展开了一场长达三年多的争论，这就是历史上的“大礼议”。嘉靖皇帝不满大臣让他遵从皇统，称孝宗皇帝为皇考，而称自己没有当过皇帝的生父为皇叔父的安排，执意要追尊生父为兴献帝、生母为兴献后，改称明孝宗敬皇帝为皇伯考。以杨廷和、杨慎父子为代表的朝臣们坚决表示反对，因为兴献王毕竟没有做过皇帝，杨慎出于维护皇统的忠心与现任皇帝据理力争。

在这场旷日持久的争论中，杨廷和被明世宗削职为民。失势的杨廷和深知自己不仅无法再为杨慎提供庇护，反而可能使其仕途更加坎坷。于是，返乡后他写了一首小令寄给杨慎，述说官场险恶，劝谏他要保持耿耿忠心，也要懂得远祸避害。

百般忧念百般难，一度书来一度宽，经年间阻经年盼。

利名途祸患端，做闲官只守闲官。常记三缄口，常怀一寸丹。怕人情翻覆波澜。[1]

①杨廷和：《北双调水仙子·八月十六日有怀寄京师两儿》，载谢伯阳编《全明散曲》第1卷，齐鲁书社，1994，第750-751页。

然而，杨慎的倔强执拗超乎了杨廷和的想象。京城里的议礼之争愈演愈烈，一身浩然正气的杨慎无法忍耐。在多次上疏力谏无果之后，嘉靖三年（1524）七月，吏部左侍郎何孟春援引明宪宗朝廷百官“罢工”，为了慈懿皇太后安葬礼仪，于文华门外跪地痛哭力争之事，倡议群臣用“哭谏”的方式逼一意孤行的世宗就范，这个计划得到杨慎的支持。他带领二百二十余位臣子在金水桥边跪伏于左顺门，大呼“太祖高皇帝”“孝宗皇帝”，声彻于内。嘉靖帝闻声，两次派遣司礼监太监去做大家的思想工作，并谕令群臣退散，但群臣仍跪伏不起。嘉靖帝勃然大怒，令锦衣卫将为首的翰林学士丰熙等八人逮入诏狱，杀鸡儆猴。一时间左顺门前血迹斑斑。而这雷霆手段仍未使杨慎畏缩退却，他宁死不屈，与检讨王元正等更加激愤，撼门大哭，声震阙庭。此时的嘉靖帝早已明白皇权独裁的力量，怒不可遏的他下令悉下诏狱，廷杖之。且仅仅十日后，余怒未消的圣上又再罚了杨慎与王元正及给事中刘济等七人一顿“回笼棍”。最终，“大礼议”之争在嘉靖帝的君权高压下结束，有一百三十余人全部逮系诏狱，罚以廷杖，几天之内杖死十多位大臣。

面对群臣，杨慎挥舞着拳头怒吼：“国家养士百五十年，仗节死义，正在今日”（《明史》卷一百九十一）。这一场明朝史上最大规模的廷杖刑罚将杨慎的肉体、颜面销折殆尽，却始终无法摧其士大夫风骨。在生活里，随俗浮沉最是安全简单，在强权面前，屈从迎合更是容易见好。逆风而上，捍卫政治操守、名节需要强大的勇气和魄力，而这却成了杨慎坚定不移的选择。

两受廷杖之刑的杨慎万幸得以保全性命，却以“首倡”之罪被罚永远充军烟瘴，流放云南永昌卫（今中缅边境的云南省保山市），终身没有被赦还，由此可见明世宗对他的怨恨之深。

明朝的廷杖是一种极为残酷、让士大夫极感屈辱的刑罚。据《明史·刑法志》记载：“刑法有创之自明，不衷古制者，廷杖、东西厂、锦衣卫、镇抚司狱是已。是数者，杀人至惨，而不丽于法。”而这样残酷的刑法实际上并没有法律制度可以遵循。

北京大学历史系教授赵冬梅这样分析过廷

杖。明朝的廷杖有四个特点。第一，行刑的对象主要是中央官员，特别是中级官员和言官。第二，行刑的地点是在壮丽的宫城殿宇之间，最常见的地点在午门前的御路东侧。第三，行刑的过程具有强烈的仪式性。首先要宣读圣旨，然后将受刑者从上到下牢牢地捆绑结实，只露出大腿接受杖刑。行刑者用绳子从四面牵拽固定受刑者，每次打之前必先高呼“打”，周围环列的人还要齐声高和，“喊声动地，闻者股栗”。嘉靖皇帝曾经同时廷杖一百余人，其中十多人被当场打死。打不死的，也要把坏肉剜割下来，躺上好几个月才能痊愈。第四，在当时以皇权为主导的政治文化中，廷杖被认为是合理合法、不容置疑的明朝政治传统。[①]

①参见赵冬梅：《法度与人心——帝制时期人与制度的互动》，中信出版社，2021，第386-388页。

可以想象，曾经的状元杨慎在遭受了如此残酷的廷杖刑罚之后，内心是何等的屈辱与悲凉。

杨慎后半生三十多年的时光都是在云南偏远之地度过，直到七十二岁那年，万念俱灰的杨慎卒于贬所。

一代才子，却半生偃蹇，令人唏嘘感叹。

如果时光可以倒流，回到杨慎二十四岁高中状元的那一年，他可曾预料，自己的人生有一半的年华将在蛮荒之地的颠沛流离当中度过？

二十四岁“春风得意马蹄疾”的他可曾预料，在他未来一半的岁月中，迎接他的并不是繁花似锦的康庄大道，而是西南边陲一座遗世独立的板桥？

板桥扼守昆明府东面的交通要冲，自唐宋以来便是重要站口。到了元代，这里开辟了通往京城的驿道，并设立了驿站。嘉靖五年（1526），杨慎三十九岁。三月，得知父亲病重卧床，杨慎短衣匹马，间道疾驰十九日，风尘仆仆地赶回家乡蜀中新都侍疾，父亲“喜而愈”。七月，父亲痊愈后，无法久留的杨慎与夫人黄峨离开家乡，返回千里之外的戍地云南永昌。在宝象河上游，杨慎邂逅了这座他乡的板桥，写下《于役江乡归经板桥》：

千里长征不惮遥，解鞍明日问归桡。

真如谢朓宣城路，南浦新林过板桥。

这是板桥第一次出现在杨慎的诗中。从故乡四川到云南永昌相隔千里之遥，还没到达贬谪地，在旅途中解鞍少驻的间隙，他已经开始不可遏制地思念家乡。眼前的这座板桥让他想起了南朝齐诗人谢朓那首著名的《之宣城郡出新林浦向板桥》，谢朓诗中说“天际识归舟，云中辨江树。旅思倦摇摇，孤游昔已屡”。这是谢朓离开故乡建康（今南京）赴宣城太守任即将经过板桥时写下的诗句。尽管赴任是一件喜事，可对于谢朓而言，他对故乡即南齐京城建康仍然有着无比留恋的情绪，他的诗中也时时流露出对漂泊生涯的厌倦，以及对选择出仕还是归隐的纠结。

杨慎从四川赴云南当然不可能经过当年谢朓从建康赴宣城的板桥，被贬的杨慎与升官赴任的谢朓心境也迥然不同，然而时隔一千多年，两座距离千里之遥的板桥让两个身处不同时空的寂寞灵魂遇见。棱角分明、朴素直挺的板桥照见着他们内心同样坚守的清正与耿介。不同的是，一座板桥横亘于谢朓的“既欢怀禄情”与“复协沧洲趣”的仕隐矛盾之间，是谢朓“终隐南山雾”的心之所向；而此刻杨慎笔下的板桥却承载着其更多忧心国事、忠君效国的不甘与期待。

其实，此前带着满身杖伤与满心创伤、在萧瑟秋风中惨别京城的杨慎，就踏上过另外一座桥。离永昌府城北八十里处有一条江，名为澜沧。江流介于二山之趾，两岸峭壁如削，无路可援，水流迅疾，深不可测。不仅如此，此地还时常有黄蝇、飞蛭、大蟒出没，瘴气弥漫，行者莫不苦之。

想当年，诸葛亮南征永昌，曾于此地筑城，并在江面上架设了一座竹索桥，传说那穿索的石孔还是孔明亲手所凿。竹索桥以藤条、竹条为梁，上覆有布席，再铺上实板。元贞年间，元兵西征，改用巨木造桥，并题名为“霁虹”。到了明代成化十一年（1475），江顶寺庙僧人募捐将其改建成了铁索桥，横跨两岸。这座铁索桥，在《中国科学技术史》一书中被著名英籍科学史学家李约瑟誉为中国乃至全世界现存的最古老的铁索桥。

跋涉万余里的杨慎，此时已“肉黄皮皱形半脱”。行经此桥，望着眼前的澜沧江和铁索桥，杨慎的心中充满了怀古思归的无限情愫，写下了这首《兰津桥》。

织铁悬梯飞步惊，独立缥缈青霄平。
腾蛇游雾瘴气恶，孔雀饮江烟濑清。
兰津南渡哀牢国，蒲塞西连诸葛营。
中原回首逾万里，怀古思归何限情。

浩浩汤汤的江水向南奔向古哀牢国，他回想当年诸葛亮在蒲缥驿西面驻兵扎营，南征立下赫赫战功，而如今中原大地已在万里之外，自己又何时才能再次被征召，报效国家，鞠躬尽瘁呢？

世间的桥千千万万，跨过了河水的阻拦，翻过了山崖的障碍，却无法穿越滇蜀两地相隔千里的时空鸿沟。嘉靖八年（1529）六月，杨廷和去世，远在戍滇的杨慎，直到八月才得知这悲痛的消息，在戍所泪如雨下。无法陪伴在至亲的身边，甚至无法在最后时刻为父奔走，杨慎悔恨交加，悲痛不已。他涕泣述情，终于求得圣旨，得以回乡治丧。

次年春，杨慎再次踏上返还戍地的路途，这一次他只身一人，留下黄峨在家乡主持家务。再过板桥时，他心中涌起无限感慨，写下《再过板桥》一诗：

千里长征且未回，春光又上五华台。

碧鸡山色长无恙，天外青迎马首来。

长征路漫漫，春天已经悄然走近。岁月悠长，山，还是那座山，苍崖万丈，屹立不倒；水，还是那片水，月印澄波，流转不息。然而，自此以后，被这千山万水阻隔的，除了亲情，还有他与黄峨同心而离居的爱情。

杨慎的夫人黄峨，是明朝最著名的女诗人之一，同时也是第一位大力创作散曲并有相当规模散曲作品存世的女曲家，其散曲的质朴本色之美，直逼元人。杨慎被贬之后，在长达三十多年的时光里，夫妻俩基本上处于两地分离的状态，杨慎和黄峨之间也因此留下了许多互相唱和、寄赠的相思哀怨之词。夫妻俩一个是大才子，一个是大才女，并且留下数量颇丰的酬唱作品，这在整个中国文学史上都是相当罕见并且值得珍惜的。

杨家与黄家本是世交。身为工部尚书黄珂之女的黄峨，自幼好学，博通经史，能诗文，善书礼，于词曲尤擅长，被誉为“蜀中四大才女”之一。在黄峨还年少时，她便暗中钦佩杨慎的才名，可惜杨慎在中状元前已有原配，黄峨只能将这份纯真的感情藏在心底。正德十三年（1518）六月，杨慎原配王夫人病故，二十余岁的黄峨仍未觅得可以托付终身的良人。两家长辈见状，便为这对才子佳人牵上红线，点了鸳鸯谱。

两人婚后相敬相爱，住在濒临桂湖的榴阁，游园泛舟、弹琴作画是他们甜蜜的日常。黄峨还曾以石榴比喻自己，以一首《庭榴》表达了对杨慎火热而纯真的爱情。

移来西域种多奇，槛外绯花掩映时。
不为秋深能结实，肯于夏半烂生姿。
番嫌桃李开何早，独秉灵根放故迟。
朵朵如霞明照眼，晚凉相对更相宜。

可惜好景不长，自从杨慎因“大礼议”事件被发配充军后，两人便聚少离多，满腔相思离恨只能依靠往来词曲中的只言片语聊以慰藉。相隔千里，他们的爱情并没有褪色，反而更添一份同志之谊。

“孤臣白首困尘埃，官里犹询小秀才”（杨慎《感旧书事》），杨慎虽已被贬戍地，可世宗朝仍不放过他，欲寻祸置之死地。幸得才比易安的黄峨聪慧过人，她操持着家里大大小小的事务，为杨慎解除后顾之忧。在杨廷和过世之时，家人欲殓以礼服，黄峨思虑上意难测，排除众议，力主用百姓庶人礼殓浅土薄葬。果然在杨廷和下葬后不久，便有人欲以此中伤，世宗遣使启验，见仅是青衣布袱才作罢。家道中落，奴仆逃亡、胥吏侵害、勒索敲诈等一类的事端更是层出不穷，但都被黄峨巧妙应对，保全了全家人的生活。

身陷囹圄的杨慎，被放逐到边远的瘴疠之乡，但他的心，却始终未曾远离那片令他魂牵梦绕的故土与未竟的济世理想。可是日复一日的期盼却并未得到朝廷半点回应与宽宥。嘉靖十六年（1537）

刑部录上谪戍赦还的有一百四十二人，唯独少了杨慎与丰熙等八人的名字。

时间如白驹过隙，又是二十载春秋悄然流逝。这一年，杨慎已步入古稀之年，七十岁的他历经沧桑，而长子同仁与胞弟叙庵的相继离世，更是让他心中一直怀念的温馨夜话成为永远的回忆，再也无法追寻。

再度踏上那座板桥，往日的芳华已随风而逝。杨慎回首往昔，半生风雨飘摇，心中涌动着无尽的感慨。于是，他三题板桥，字字句句，皆是深情与沧桑：

朔雪玄云冻不开，仆夫疲病马虺隤。
鬓毛尽向风尘白，往复滇云十四回。

这座板桥，就好像是杨慎命运的见证者，默默守望于岁月的长河中，目睹了杨慎从壮年时被贬谪充军的屈辱，到如今白发苍苍的孤独身影。可是，在杨慎十四次往返于故乡与贬所的路途中，他理应邂逅了许多地方的桥，见过各式桥梁的风采，但为何偏偏是这简约而古朴的板桥频繁地触动他的心弦，出现于他的笔下呢？

板桥应是指桥面铺板（多为木板）的桥，没有复杂的结构与华丽的装饰，主要倚靠坚实的桥板承载着过往的行人，其结构之简单、功能之直接，初看之下或许并无特别之处。但这背后，其实隐藏着一种超越时代的情感共鸣：在历史的长廊里，也曾有同样孤独的行者，也曾走过那么一座质朴的板桥，也曾在板桥边留下了深邃的思索与无尽的感慨。

回溯至南朝建武二年（495）的春日，谢朓踏上出任宣城太守的路途，途中写下《之宣城郡出新林浦向板桥》一诗。字里行间不仅流露着他对政治风浪中浮沉经历的感慨，更交织着远离京城的哀愁和对未知旅程的迷惘，以及对归途难期的忧虑。彼时，国家动荡，朝政腐败。政治舞台暗流涌动，权臣如始安王萧遥光等密谋叛乱，危机四伏。在这个人人自危的时代，谢朓却并未随波逐流，而是坚守内心的道义，拒绝卷入任何政变阴谋之中。然而正是这份难能可贵的耿直与清高，使他成了奸佞小人的眼中钉，最终招致嫉妒与构陷，身陷囹圄，含冤而终，年仅三十六岁。

尽管生命戛然而止，但谢朓的文学光芒并未就此黯淡。他的诗歌不仅在当时引领风骚，更深深影响了后世众多诗人。不少诗人在谢朓吟咏过的地方寻觅遗迹、缅怀先贤，板桥就是其中一处重要的地理坐标，如李端《送夏中丞赴宁国任》中，便有“楚县入青枫，长江一派通。板桥寻谢客，古邑事陶公”之句。诗仙李白更是谢朓的头号“迷弟”：在板桥浦，李白独自举杯，高吟着“独酌板桥浦，古人谁可征？玄晖难再得，洒酒气填膺”（《秋夜板桥浦泛月独酌怀谢朓》）。这不仅是他对那个春日里路过板桥的谢朓的深切怀念，更是他对自己内心的孤独与理想未竟的写照。他同样以逐臣身份来到板桥浦，那份跨越时空而来的思乡之痛、怀归之情，引发了李白内心强烈的感情共振。

李白的理想与苦闷，大抵只有写下了“既欢怀禄情，复协沧洲趣”的谢朓能理解吧。天宝元年（742），四十二岁的李白奉诏入京，受到唐玄宗礼遇。据说李白进宫朝见的那天，玄宗降辇亲迎，又以七宝床赐食，更是亲手为其调羹。可是虽得近天子，李白却并没有被委以任何实职，更没有政治实权，根本无法施展他建功立业、济世安邦的抱负。后来他又因为宫廷内的谗言，而被唐玄宗以赐金之名，变相逐出了繁华的长安。

行路难，行路难啊！但是李白，这位天生的不羁之才，怎会向命运低头？他始终以一腔孤勇，走在自己选择的道路上。即使到了上元二年（761），已经六十一岁的李白，听闻李光弼率大军征讨叛军的消息，仍然热血沸腾，请缨从军。

谢朓远赴宣城，李白被逐翰林，虽相隔百年，却共同勾勒出了文人志士在时代洪流中挣扎与不屈的形象。一座板桥，让李白这位人生道路的孤勇者，仿佛找到了连接过去与现在、孤独与理解的纽带。而这份情感共鸣，跨越时空，也触动了晚唐诗人温庭筠的心弦，让他在板桥之上，同样感受到了那份超越时代的孤独与坚韧。

“晨起动征铎，客行悲故乡。鸡声茅店月，人迹板桥霜。”（温庭筠《商山早行》）春寒料峭、霜色浓重的清晨，天上尚挂着一轮孤寂的明月，寒霜满布的板桥上就已经有了行人或深或浅、斑驳交错的足印。这是温庭筠又一次离开旧乡，他一生积极入仕，屡屡赴试，却因为不谙世故，不懂得曲意逢迎，长期饱受冷遇与贬抑。

这样疲惫孤苦的行旅对温庭筠来说是常事，对谢朓、李白、杨慎来说，亦是频历风霜，屡遭此境。“旅思倦摇摇，孤游昔已屡。”（谢朓《之宣城郡出新林浦向板桥》）孤身羁旅宛若他们生命之常态。在朴素的板桥之上，这些伟大的灵魂留下了他们坚实的足迹，走过的每一块桥板，飘落肩头的每一片雪花，掠过的每一阵凛凛寒风，都仿佛诉说着壮志未酬的遗憾，也承载着他们不屈的狂士风骨。世人或嗟叹他们未至庙堂之巅，但仕途之荣辱，岂能道尽英雄本色？他们的一生虽在起起浮浮中走向了孤寂，但他们在耿直的板桥上挺直脊梁、勇敢前行的姿态却让世人见到了一个个不畏艰难、坚定执着的英雄背影。

在时代的巨浪中，他们独守一份清醒与高洁，也正是这份坚守铸就了他们不朽的文学之魂。谢朓的山水诗，清新脱俗，独步文坛。他挣脱了玄言诗的桎梏，关注日常生活中的自然之美，以清美俊逸的笔触，展现了山水间的灵动与韵味。南朝文坛领袖沈约赞其：“二百年来无此诗也。”萧衍更是直言：“三日不读谢诗，便觉口臭。”至于李白，虽身陷客寓的孤寂与悲情之中，但其笔下流淌的却是无尽的浪漫与豪迈，为后世留下了无数脍炙人口的经典诗篇。温庭筠，则将生命中独有的体验与情感积淀编织进文字之中，创作出了被后世誉为“花间派”的文学瑰宝。

如果说桥亦有灵，那么板桥无疑是坚韧不拔、刚正不阿之精神的鲜活象征。板，既是桥梁的简朴形态，更是不屈不挠的人格特质。

在杨慎的生命旅程中，这样的精神特质似乎得到了最生动的体现。他的一生，恰似那座简约而不失稳固的板桥，任凭风雨而不改

○［明］唐寅《雪山行旅图》

其志。即使遭受廷杖之辱，他依旧傲骨铮铮；即使被贬边陲，他依然一往无前；即使垂垂老矣，他亦无悔于自己的选择。风雪或许可以覆没板桥，却无法侵蚀其内在的坚韧。正如世事可以磨砺杨慎的身心，却永远无法压弯他坚挺的脊梁。

吴中四大才子之一的唐寅，在其画作《雪山行旅图》中自题诗云：“寒雪朝来战朔风，万山开遍玉芙蓉。酒深尚觉冰生脚，何事溪桥有客踪。”诗中描绘了寒冷的冰雪侵袭之景，即便是饮下樽樽热酒，双脚仍感觉有如结冰般寒冷。这不禁让人好奇，究竟是何人，又因何事，在这样的冰天雪地里，毅然踏上溪桥，踏上远行的路途？

当我们读着杨慎的诗篇，再细细观赏这幅画作，答案似乎变得清晰可见。在那高峻邈远、荒寒孤寂的山水之间，有人正围炉而坐，驱寒取暖；也有人不得不踏上征程，骑马远行。这行者或许是怀揣着希望出发，又或许是经历了失意的归途。在他的身后，有童仆手持伞具，为他遮挡飘落的雪花，一行人马就这样缓慢却坚定地行走于白茫茫的雪山之间，跨过一座又一座桥，留下一串又一串深浅不一的足迹。

行旅与桥，这一经典组合，无论何时何地都一样牵动着离家之人的思绪。英国大诗人乔治·戈登·拜伦在流亡意大利期间，曾写下长诗《恰尔德·哈洛尔德游记》。诗中，他如此写道：“我站在威尼斯的叹息桥上，一边是宫殿，一边是牢房。”叹息桥（Ponte dei Sospiri）建于 1603 年，是一座不过十余米的早期巴洛克式石桥，呈房屋状，采用厚重的大理石建造而成。这座全封闭式的桥设计独特，只有面向运河的一侧开设了两扇小巧的窗户，窗棂精雕细琢，装饰着许多八瓣菊花图案。桥的一端连着宏伟壮丽的总督府——都卡雷宫，这座由白色大理石砖墙堆砌而成的建筑，曾是威尼斯共和国的政府办公楼。而桥的另一端则直通戒备森严的威尼斯监狱，那是一个通体刷了黑漆、铁窗紧闭、不见天日的石牢，如果说这里仿佛地狱，那么小桥另一端矗立的总督府，无疑就是天堂了。

拜伦，这位热切关怀人民斗争与命运的伟大诗人，同时也是一个怀揣英雄理想、战斗一生的勇士。漂泊到意大利的他，此时已被祖国永久驱逐，从上流社会的贵族跌落为远方的囚徒，与杨慎身处同样艰难的处境。天堂与地狱，就在咫尺之间，石墙虽能困住身体，却无法禁锢思想。

英雄终归老去，1559 年，七十二岁的杨慎在云南戍所逝世，虽然至死都是这滇海囚徒，可其内心又是何等的自由与超脱。

谁说只有站在万丈光芒里的才算英雄？谁说只有置身万众瞩目的焦点才算英雄？谁说只有创造惊天动地的历史才算英雄？每一个被抛向生命荒野，却仍然执拗地踽踽独行的人又何尝不是英雄？

不是只有站在光里的才是英雄，永远迎着光的方向前行才是真正的英雄。

“滚滚长江东逝水，浪花淘尽英雄。”每个人年少时都曾有一个英雄梦，期望自己能够上天入地，无所不能。然而随着年岁的增长，我们渐渐明白，成为别人的英雄不易，做自己的英雄更难。在平凡中学会接受，在磨难中学会和解，在夜深人静的时候能坦然面对未来与过往，依旧不悔心中的坚持，这才是最安然、最真实的英雄梦。

正如荒原中绝世独立的一座板桥，或许不如都市中宏伟名桥的精美与繁忙，却在历史的奔腾中顽强地留下永恒的痕迹，不恰是其隐秘而伟大之处吗？ 正如杨慎所言，“万般回首化尘埃，只有青山不改”。在板桥上，会被风传唱、被时间铭记的不是外在的荣耀与光环，而是内心的坚韧与不屈，是在平凡中依旧坚守、在风雪中依旧挺拔的孤勇者。

第十四集

悄立市桥人不识

——诗与桥的宿命都是承受生命之重

乾隆三十八年除夕（1774 年 2 月 10 日），常州城内张灯结彩，家家户户沉浸在节日的喜庆之中，团圆饭香气四溢，深巷中传出的欢声笑语治愈了人们一年的奔波与疲惫。

就在这个热闹喜庆的除夕之夜，常州城的一座小桥上却伫立着一个孤单的身影。夜空中繁星闪烁，城市里万家灯火，桥上嬉笑玩闹的孩童们从他的身边奔跑而过，却没有人注意到他的孤寂。

也不知这样静静地站了多久，鞭炮声渐渐寥落，街巷中玩闹的人群逐渐散去，城里的灯火也渐次熄灭，深夜浓烈的寒意包裹着他，他却仿佛浑然不知，他微微仰着头，夜色中的星依旧闪烁，和他那双黑亮的眸子一样明亮、清澈。

这个在桥上看星星的人，就是清代著名诗人黄景仁。

黄景仁，字仲则，又字汉镛，自号鹿菲子，江苏武进（今江苏省常州市武进区）人；出生于清乾隆十四年（1749）正月初四，因在高淳学署诞生而获小名高生。

清代诗人多如牛毛，但大多是学者型诗人，以性情写诗的诗人并不多见。黄景仁却几乎成为公认的清代之天才诗人，甚至有人称他为清代诗人中的“仙才”，被誉为清代之“诗仙李白”（袁枚），是“乾隆六十年间，论诗者推为第一”的诗坛巨星。

乾隆三十八年冬，二十五岁的黄景仁在随著名学者朱筠游历庐州、泗州、徽州、杭州等地后，回到了故乡常州，在故乡迎来了又一个除夕，并且写下了他最有名的诗作之一《癸巳除夕偶成·其一》：

千家笑语漏迟迟，忧患潜从物外知。
悄立市桥人不识，一星如月看多时。

“千家笑语”渲染了除夕的喜庆气氛，更漏的滴水声在提醒着诗人时间的流逝，一缕忧愁仿佛从天外不知不觉潜入心底，又渐渐在心头弥漫开来。他独自一人站在市桥上，却无人相识。他仰望星空——除夕没有月亮，久久凝望着夜空中那颗最亮的星，就如同赏月一般专注、沉浸。

“悄立市桥人不识，一星如月看多时。”市桥，当然是闹市中心的桥，也是繁华的“代名词”。从广义上讲，城市里的桥，都可以称之为市桥。不过“市”本身还有另一层含义，那就是“集市”“市场”。从这个角度来说，市桥就更多了一层含义：它是城市里最重要的商业聚居地之一，一定也是人声鼎沸人流如织的所在。

事实上，从唐宋时期开始，桥梁、津渡作为水陆交通的汇聚点，就已是“舟车所聚，四方商贾孔道”之地，甚至桥梁附近或者桥面上都逐渐形成了固定或半固定的交易场所，这便是最初的“桥市”。唐诗中描写“桥市”的作品屡见不鲜，王建的《寄汴州令狐相公》“水门向晚茶商闹，桥市通宵酒客行”，周繇的《津头望白水》“城郭半淹桥市闹”，张乔的《送友人归宣州》“暝火丛桥市，晴山叠郡楼”，杜荀鹤的《送友游吴越》“夜市桥边火，春风寺外船”等，描写的都是一座座承载着集市功能的桥梁，渲染着市桥的种种热闹喧嚣。

随着城市经济的繁荣，宋朝的桥市贸易得到进一步发展，市桥也成为商业贸易发展的重要场所，《东京梦华录》载：“出朱雀门，直至龙津桥。自州桥南去，当街水饭、爊肉、干脯……直至龙津桥须脑子肉止，谓之‘杂嚼’，直至三更。”州桥桥头商铺林立，其店铺数量之多、商品种类之繁、营业时间之久，都足以见出宋朝东京城内桥市的发展和市桥建设的价值。《水浒传》中有一个经典情节——“杨志卖刀”。杨志带着他的宝刀去马行街卖刀，可是站了两个时辰都无人问津。于是杨志转去天汉州桥热闹处，没过多久，就有个叫牛二的人嚷嚷着要买他的宝刀，可见州桥集市人流量之大。至明清时期，随着城市经济的继续发展，作为人流汇聚之地，桥市依然在贸易中扮演着重要角色。

黄景仁写下“悄立市桥人不识”这首诗的时候，正值乾隆三十八年，是乾隆皇帝春秋正盛之时，也是清朝历史上最为辉煌的康雍乾盛世时期。《海国图志》的作者魏源曾说："国家极盛于乾隆之六十年，版舆生齿倍雍正，四夷宾服逾康熙"，这时国家的财力、版图、人口以及国家地位都达到了鼎盛。"北京国库的储备从雍正末年的 2400 万两（康熙末年为 800 万两）增至 1781 年的 7000 多万两"[①]，从康熙朝到乾隆朝几十年的时间里，国库储备竟增长了近十倍！

① 裴德生编《剑桥中国清代前中期史 1644—1800 年》上卷，中国社会科学出版社，2020，第 274 页。

社会的安定与经济的发展刺激着人口增长。按照何炳棣先生的估算，"中国在 1700 年的人口数量与 1600 年的人口数量（1.5 亿）大致相同……至 18 世纪，人口增长两倍以上（有人计算为三倍），到 1794 年，人口数量已达 3.13 亿"[②]。

②裴德生编《剑桥中国清代前中期史 1644—1800 年》上卷，中国社会科学出版社，2020，第 474 页。

那么，黄景仁在市桥上看到的繁荣景象，应该是怎样一番风貌呢？或许我们可以从画家徐扬的《姑苏繁华图》（又名《盛世滋生图》）中窥见一二。

徐扬，是与黄景仁同时代的苏州籍宫廷画家。1751 年，他因向乾隆皇帝进献画作而被召入内廷，此后多次陪同乾隆南巡。在乾隆六次南巡中，苏州是他最为钟爱的地方之一。《姑苏繁华图》便

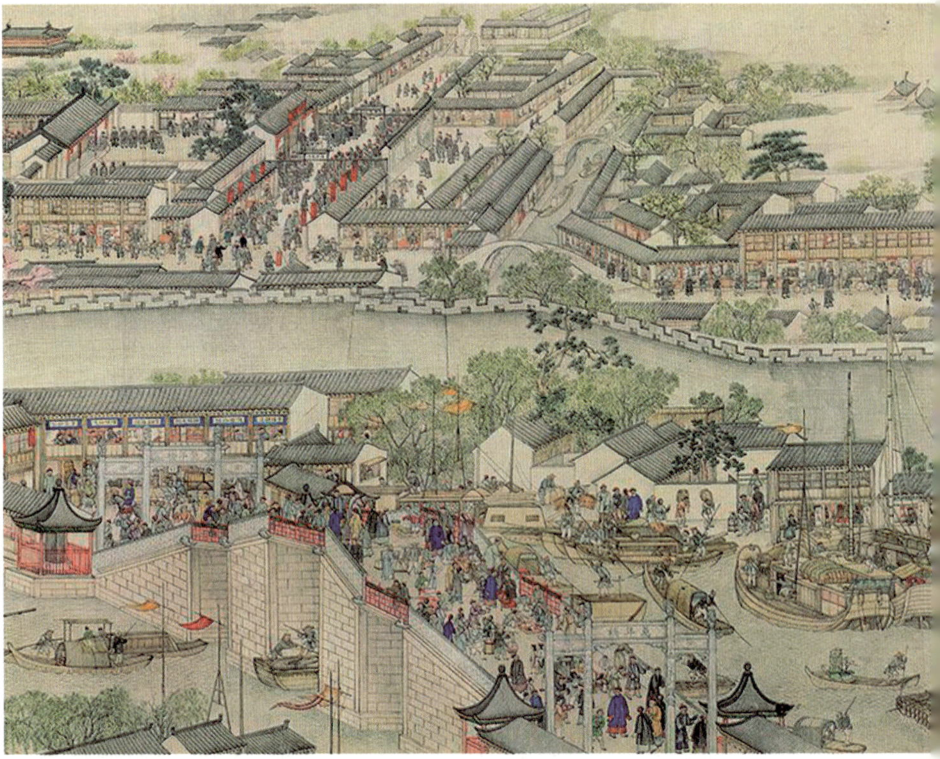

○ ［清］徐扬《姑苏繁华图》（局部），辽宁省博物馆藏

是在乾隆第二次与第三次南巡之间创作而成的。

画卷从创作之始，便借鉴了《清明上河图》的整体构思，对画面进行了精心的布局安排。它从苏州城西的灵岩山起笔，由山脚下的木渎镇东行，过横山，渡石湖，再入姑苏城，而后自葑、盘、胥三门出阊门外，转入山塘街，至虎丘而止。画家采用“纪实”的描绘方式，细致地刻画了每一村、

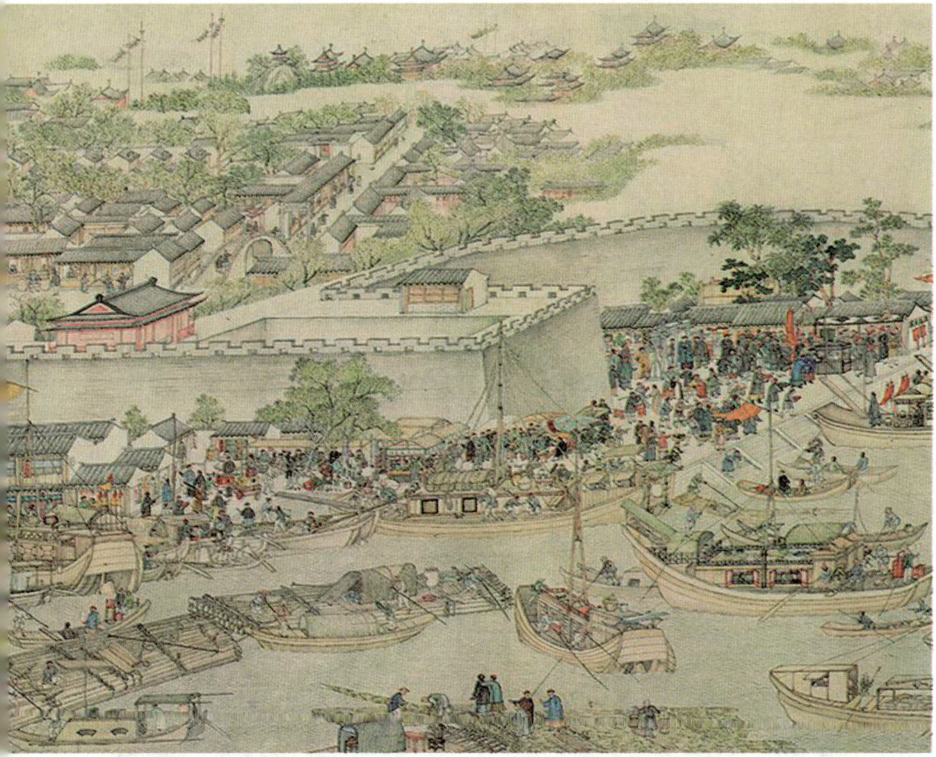

一镇、一街、一桥的真实景况，全面展现了从太湖至虎丘近百里的风光山色、民风民俗、政治经济、文化艺术、建筑园林等丰富的内容。

画卷中，商贾云集的繁华景象与《清明上河图》中的东京汴梁相比，毫不逊色。特别是对胥门到山塘街一带的描绘，更是再现了昔日阊门商贾辐辏、百货骈阗的盛景。这一地带，正是文献

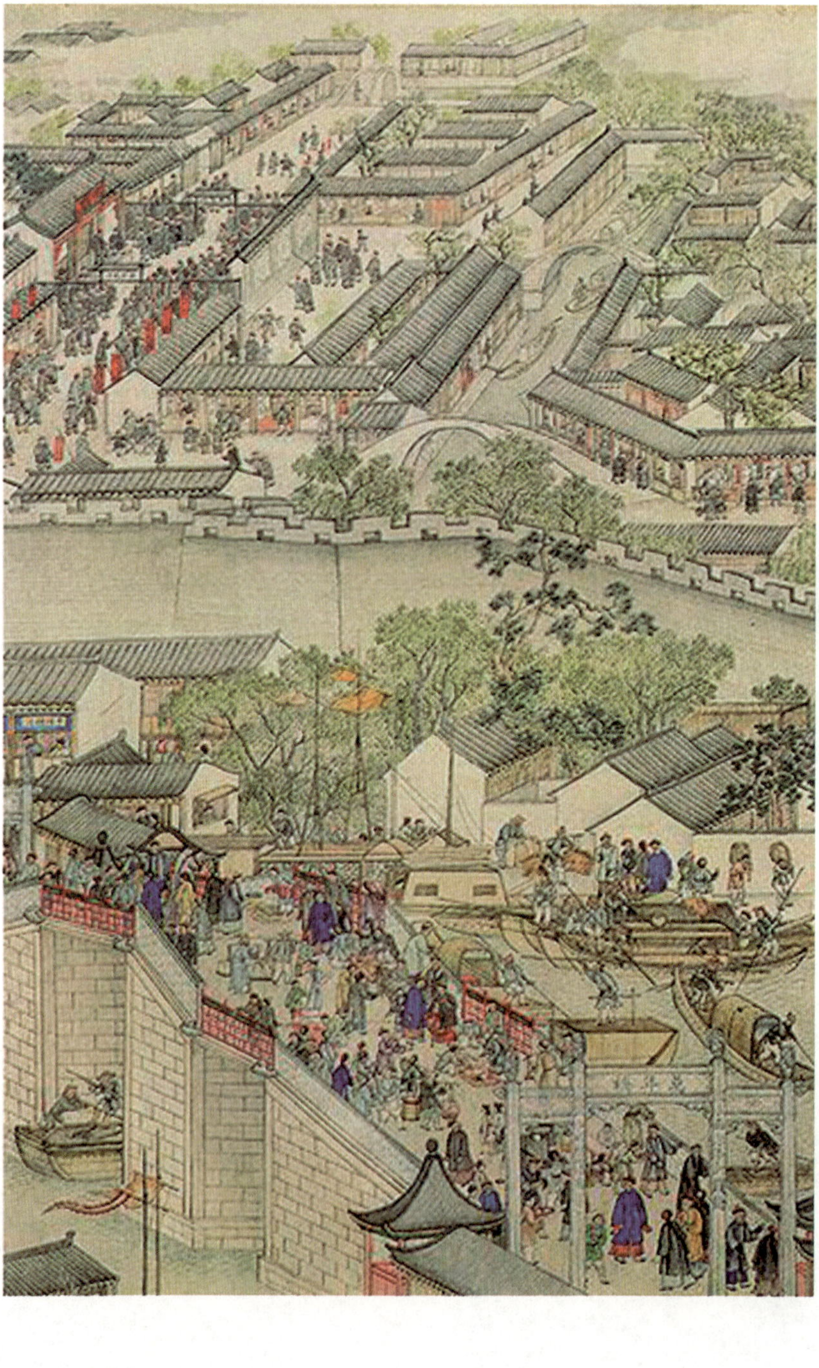

○［清］徐扬《姑苏繁华图》（局部），辽宁省博物馆藏

中记载最多、苏州最繁华的商业文化地段。

作为典型的江南水乡，苏州城呈“水陆并行、河街相邻”的双棋盘格局。整个城市被“三纵三横一环”的河道水系所环绕，河网密布。据统计，《姑苏繁华图》中描绘的桥梁有50多座。其中，位于胥门的万年桥，被誉为“三吴第一桥”。

据说，这座桥初建时宽达10米，长约100米，临河有五个大环洞，栏杆上雕有100只石狮，气势恢宏。桥身由巨大的石块和砖块砌成，历经风雨而屹立不倒。桥面上铺着平整的石板，使得行人和车辆都能顺畅通行。桥上，人群熙熙攘攘，热闹非凡。有的行人肩挑手扛，忙着赶路；有的则悠闲地漫步，欣赏着两岸的风景；还有的停下脚步，在桥头的茶馆里小憩，品着香茗，聊着家常。

桥下，胥江如一条玉带，静静流淌。这条江连接着太湖和大运河，是苏州对外交通的主要通道。南宋初年，这里就建了姑苏馆和白花洲，其精致华美的风貌被赞誉为“雄丽冠三吴”。江面上船只往来如梭，忙碌而有序，不时还有大型货船缓缓驶过，船上堆满了来自各地的货物。船工们的号子声、商家的叫卖声、行人的谈笑声交织在一起，构成了一幅繁华而生动的市井画卷。

黄景仁的故乡常州，毗邻苏州、无锡，也是人文荟萃、商业发达的江南城市，其繁华程度并不逊色于苏杭。作为康乾盛世的亲历者与见证者，黄景仁常常往返于苏杭之间，亦有多次入京的经历，他目睹并亲身经历了清朝经济的发展、人口的增长、版图的扩张。然而，乾隆三十八年的这个除夕，他却在最热闹的市桥上悄然伫立。

人群熙攘的市桥与孤独伫立的诗人，形成了鲜明的反差。在此刻的市桥上，喧闹与寂静、欢聚与孤单、喜庆与忧思，仿佛都在诗人的眉间心上纠结、缠绕。

那么，在这繁华背后，诗人究竟在忧虑什么呢？

或许，是忧伤爱情的失落？黄景仁的确写过极凄美的爱情诗，例如那首脍炙人口的《绮怀·其十五》：

几回花下坐吹箫，银汉红墙入望遥。
似此星辰非昨夜，为谁风露立中宵？
缠绵思尽抽残茧，宛转心伤剥后蕉。
三五年时三五月，可怜杯酒不曾消。

《绮怀》组诗一共有十六首，记录的应是诗人一段刻骨铭心的爱情经历。爱情甜蜜的回忆，爱情失落的感伤，始终缠绕在诗人的心头，“似此星辰非昨夜，为谁风露立中宵”，为了回忆中的那个“她”，诗人也曾在深夜的凛凛风露中久久地仰望星空——只是因为，或许“昨夜”，有和他一样仰望星空的人，还有那个依偎在他身边的“她”吧？

星空依旧美得不可方物，但身边却再也没有“她”了！

“似此星辰非昨夜，为谁风露立中宵”，和“悄立市桥人不识，一星如月看多时”，是不是有着一样难以言说的悠悠感伤呢？

又或许，诗人是在感伤个人身世命运的坎坷？

黄景仁出身书香门第，不幸的是，在他四岁的时候父亲就去世了，兄长们也相继而卒。幼年的黄景仁由祖父抚养，母亲屠氏成了他读书的“启蒙老师”。生活的苦难让黄景仁早早地成为家庭的顶梁柱，一家六七口人的生计重担几乎是由他一肩挑了起来。

后来，黄景仁和著名文学家洪亮吉订交并同学于常州龙城书院，在洪亮吉的帮助下，黄景仁举家迁往北京。

写下“悄立市桥人不识”的时候，二十五岁的黄景仁尚在常州故乡。乾隆三十七年（1772）春，安徽学政朱筠召集当时他府上的幕僚在采石矶边的太白楼集会吟诗。在众多诗人中，时年二十四岁的黄景仁年纪最小，却以卓越的才华脱颖而出，就连当时正忙于辞赋考试的士子们也纷纷模仿他的诗作。这段经历恐怕是黄景仁自十六岁考中童子试第一名以来，最为畅快得意的一次了。他甚至自比李白，既挥洒出“请将诗卷掷江水，定不与江东同流”这样豪情万丈之句，也写下了“杯底空余今古愁，眼前忽尽东南美”（《笥河先生偕宴太白楼醉中作歌》）的苍凉哀婉之辞，自然也夹杂着他“身后苍凉”的感伤。

此后，黄景仁随朱筠等人登采石、游山水，尽管这段时间是他一生中难得的欢乐时光，但诗人并没有在登山临水中获得解脱。后来朱筠任满回京时，黄景仁因母亲年迈不能同去京城，只能返回常州。

身负高才却始终未得重用，甚至因为贫病交加，黄景仁后来不得已又将家人从京城送回南方。对个人前途的忧虑，对家人生计的忧心，始终在啃噬着诗人的心，让他难以释怀。

“悄立市桥人不识，一星如月看多时。”又或许，诗人是在为国家命运而忧心忡忡？

黄景仁的好朋友洪亮吉就是一个忧国忧民的清代名臣。洪亮吉也是常州人，与黄景仁并称“洪黄”，他不仅诗词文赋兼擅，还被后人称为“中国的马尔萨斯”，被视为中国的人口理论家。洪亮吉曾在他的著作《治平篇》中指出：

> 治平至百余年，可谓久矣。然言其户口，则视三十年以前增五倍焉，视六十年以前增十倍焉，视百年百数十年以前不啻增二十倍焉。……隙地未尽辟，闲廛未尽居也，然亦不过增一倍而止矣，或增三倍五倍而止矣，而户口则增至十倍二十倍。是田与屋之数常处其不足，而户与口之数常处其有余也。[1]

[1]洪亮吉：《洪亮吉集》，中华书局，2001，第14-15页。

在洪亮吉看来，清朝人口相比三十年前增长了五倍，比六十年前增长了十倍，比百余年前增长了不少于二十倍，但基本的生产资料，如土地、房屋等，顶多增长了三五倍，因此土地和房屋等常年供不应求。他进一步预见到，如此快速增长的人口还将带来更加严重的社会问题：农民、商人、士人的数量都在快速增长，但土地、货物等生活资源并没有跟上人口增长的速度，社会的供需平衡终将被打破，由此也会种下社会动乱的祸根。同时，社会上的闲散人员不断增多，一旦遇到灾害，那后果就更加不堪设想。

洪亮吉在文章里的观点，不仅体现了早期中国人口理论学家的深刻洞察，也有着消费理论家的独到见解。在他看来，人口增长并非经济的绝对作用，更有影响经济、社会发展的相对作用。在他所生活的时代，人口快速增长，物质消费空前高涨，这就等于在消耗后代的资源，过度使用了本应留给子孙的衣食供给，给后代带来灾难。

作为洪亮吉的挚友，黄景仁深受其思想的影响，尽管他还年轻，可是已经看到了庞大帝国盛世太平表象下的重重隐忧，以至于在这个万家灯火的除夕之夜，他依然会生发出深深的忧虑。

“悄立市桥人不识，一星如月看多时”，有学者认为，诗中的“一星”暗指金星：“金星先期骤明，作作有芒角。作者盖深忧之，非流连光景之作也。”[1]

金星，即太白星、启明星，按照《汉书·天文志》的解释，“太白曰西方秋金”，它是太阳系中自

①钱仲联编《清诗纪事·乾隆朝卷》，凤凰出版社，2004，第1859页。

太阳向外的第二颗行星。在中国古人的星象观念中，金星往往预示着不安与变动：

> 义亏言失，逆秋令，伤金气，罚见太白。日方南太白居其南，日方北太白居其北，为赢，侯王不宁，用兵进吉退凶。日方南太白居其北，日方北太白居其南，为缩，侯王有忧，用兵退吉进凶。当出不出，当入不入，为失舍，不有破军，必有死王之墓，有亡国。[1]

①班固：《汉书卷二十六·天文志第六》，颜师古注，中华书局编辑部点校，中华书局，1962，第1282页。

这是一颗预示凶吉的星星。所谓“当出不出，当入不入”，若是金星在异常的时间或地点出现，就会被古人视为凶兆。在那个相信天命的时代，对于上天的“警示”，古人是十分认真对待的。因为这样的示警，意味着国家政治出现了问题。作为读书人的黄景仁，在意识到灾异示警的信号时，发现身边人却还沉浸在除夕的狂欢中，这无疑加重了他的忧虑：“忧患潜从物外知。”

就在黄景仁写下这首诗的第二年，即乾隆三十九年（1774），清朝爆发“寿张之乱”，无数百姓流离失所，生活雪上加霜。清代陆继辂在《合肥学舍札记》中将“寿张之乱”与黄景仁所见的“一星如月”相联系，认为“金星先期骤明，作作有芒角”正是对“寿张之乱”的预示。尽管今天的我们对宇宙行星有了更深的认识，了解了金星运行的自然规律，不再受古人灾异示警之说的影响，但陆继辂的说法，或许能让我们进一步理解黄景仁的深深忧虑。

黄景仁出身书香门第，他自称是北宋著名诗人黄庭坚的后人，黄庭坚又以杜甫为偶像，因此黄景仁自觉秉承了杜甫和黄庭坚忧国忧民的深厚情怀与写诗技法，而他所处的时代与他独特的经历又让他的创作再一次印证了“诗穷而后工”的诗学命题。

不幸的是，黄景仁一生苦难。

万幸的是，黄景仁是个诗人。

黄景仁从苦难重重的人生经历中，体悟到了时代的重负，也对人类共同的命运有了更深切的理解。也难怪，在这个独立市桥的除夕之夜，黄景仁除了写下《癸巳除夕偶成·其一》中的“千家笑语漏迟迟，忧患潜从物外知”，还写了《癸巳除夕偶成·其二》：

年年此夕费吟呻，儿女灯前窃笑频。
汝辈何知吾自悔，枉抛心力作诗人。

原来这个除夕的“独立市桥”与忧心忡忡并非偶然，而是年年今夜在除旧迎新之际，诗人都会苦苦吟诗，儿女们还小，还不懂得父亲写诗时那份苦中作乐的感情，只知道在一旁的灯前偷偷地笑。诗人不禁感慨：“你们还小，怎么会知道我的后悔，我为什么要耗尽心力做一个诗人呢！”

其实，黄景仁真正想表达的并不是后悔当了一个诗人，而是明明知道作为一个诗人要比普通人更深切更敏锐地感受生活的艰难、体察时代的隐忧、承担命运的苦难，他却依然无悔。

这不仅是黄景仁的宿命，也是中国古代诗人共同的认知和共同的宿命。

换言之，黄景仁的这种忧患意识，其实是中国古代诗人集体共有的忧虑之感，更是中国文人内心自发的一种价值追求——一种社会责任，一种用世精神，一种将“事业”与“文章”兼济于一身的追求。

想当年，屈原为了楚国的生存和发展，上下求索、奔走先后，虽然在现实中找不到理想的出路，却仍然坚持“亦余心之所善兮，虽九死其犹未悔”。

诗圣杜甫的诗被称为“诗史”，他不仅呈现了大唐历史的宏阔画卷，更将细腻的笔触深入最底层的民众之中。在杜甫心目中，每一个鲜活的生命不分高低贵贱，都值得被关注、被尊重、被呵护，他既有“致君尧舜上”报效君国的慷慨壮志，也有“安得广厦千万间，大庇天下寒士俱欢颜”的对民生疾苦的温暖关怀。

被视为谪仙人的李白，既有“大鹏一日同风起，扶摇直上九万里”的豪迈不羁，也一直怀揣“愿将腰下剑，直为斩楼兰”的报国大志。后来白居易在重读李白、杜甫的诗集时曾感慨万分地写下过这样的句子：“天意君须会，人间要好诗。”为什么那样优秀的诗人却要经历那么多的磨难呢？难道真的是“诗人薄命”的宿命吗？

不！是“天意”需要有人为所有的苦难真诚发声，为所有人间的生命泣血呐喊啊！

人间不能没有“好诗”，所以真正伟大的诗人必须直面苦难并承担苦难，这是“天意”，是诗人的宿命。

宋代欧阳修甚至这样说过：“君子之学，或施之事业，或见于文章，而常患于难兼也。盖遭时之士，功烈显于朝廷，名誉光于竹帛，故其常视文章为末事，而又有不暇与不能者焉。至于失志之人，穷居隐约，苦心危虑而极于精思，与其有所感激发愤惟无所施于世者，皆一寓于文辞。故曰穷者之言易工也。”欧阳修明确提出了“诗穷而后工”的诗学命题，认为既然君子的事业与文章常常“难兼”，那些事业上不成功、不如意的诗人就不得不将自己那“苦心危虑”的社会责任感“寓于文辞”之中，通过文学的方式来继续实现自己“施于世”的理想。诗歌成为诗人生命价值、人生追求的寄托方式，是诗人集体的精神家园，对于肩负着社会重任的诗人而言，诗歌是使他们的理想在现实中实现、在历史中永恒的载体，他们的社会责任感越强，对于社会发展、人生穷达的体验也就越深刻和丰富，表达在诗歌中的情感、价值也会越执着、越崇高。

“虽千万人吾往矣！”深受儒家思想影响的中国诗人从来都是以兼济天下为己任的，他们自觉自愿地将社会责任扛在肩上而从不计较个人之得失，为了托举时代的崇高价值甘于坦然面对苦难和牺牲，这正是中国诗人的君子人格，也是中国诗歌的崇高，中国诗人的宿命。正如同当代学者吴承学所说：“‘诗人薄命’并非是一种对历史事实的全面真实的总结，而是古人的一种集体认同。表面看来，这种集体认同比较消极，似乎是出于无奈的悲慨哀伤；然从深层考察，却有相当丰富而积极的意义，它表现出古人对诗歌的价值判断以及对于诗人的想象与期待：诗不仅是一种爱好与技艺，更是高尚的精神寄托，是承载苦难、超越功利的神圣信仰。'诗人'在古代中国是一个被赋予悲剧色彩的崇高名称。诗人必须面对苦难和命运的挑战，承受生活与心灵的双重痛苦，必须有所担当，有所牺牲。'诗人薄命'，却可能赢得'文章之无穷'与'千秋万岁名'。这种诗人的'宿命'，正是中国古代对于诗人的集体认同，其本质也是人们对于文学使命的一种期待。"①

①吴承学：《中国古代文体学研究》，人民出版社，2011，第111页。

是的，每一位伟大而孤独的诗人都怀揣着一颗温暖的心，那是超越个人苦难深刻关怀人类命运的精神。那是诗人的宿命，更是诗人的使命。

就如同，每一座坚强挺立的桥，一定也都怀揣着一颗温暖的心，默默地承载着桥上无数奔向梦想或经历坎坷的人，在他们得意或失意的时候，分享或者分担他们的幸福与哀愁。那是桥的宿命，也是桥的使命。

诗人是孤独的，诗人的心始终记挂着国家与生民，诗人的笔始终与时代的脉搏一起跳动，诗人的眼光始终聚焦于国家的前途命运，诗人的笔触始终瞄准百姓的生活幸福。他既忧心忡忡，又满怀信心，这是诗人的宿命：他要坚强地承受生命之重。

市桥是热闹的，桥上的人来来往往，或因为理想的实现而春风得意，或因为生活的摔打而憔悴狼狈，或因为无数次的跌倒又再爬起而倔强执着，无论是繁华还是落寞，市桥永远会在灯火璀璨时为他们的快乐增添光彩，也会在灯火阑珊时给予他们静静的陪伴。

诗人站在市桥上，城市的繁华尽收眼底。

市桥立在城市中，人间的悲欢离合尽在桥上。

当黄景仁“悄立市桥人不识，一星如月看多时”的时候，他是孤独的，他也深深明白，孤独是他的宿命，同时，更是他的使命。正如他的同乡瞿秋白后来在诗中写道：“词人作不得，身世重悲酸。吾乡黄仲则，风雪一家寒。”

明知诗人不得不承受更多的忧患，明知诗人不得不迎接艰难的人生旅程，但他们从未犹疑，而是坚信寂寂长夜终究会过去，会有一缕晨曦以最清新的模样，洒在那座市桥上。

两百多年前的那个除夕之夜，当诗人黄景仁“悄立市桥人不识，一星如月看多时”的时候，他可曾料想，两百多年后，中国的桥梁将见证怎样的历史巨变?

第十五集

一桥飞架南北

——跨越天堑让梦想之光照进现实

1956年6月，毛泽东主席在武汉游泳横渡长江，看到正在热火朝天建设中的武汉长江大桥即将初现轮廓时，豪情勃发，借景抒情，即兴写下了这首广为传诵的《水调歌头·游泳》。

才饮长沙水，又食武昌鱼。万里长江横渡，极目楚天舒。不管风吹浪打，胜似闲庭信步，今日得宽馀。子在川上曰：逝者如斯夫！

风樯动，龟蛇静，起宏图。一桥飞架南北，天堑变通途。更立西江石壁，截断巫山云雨，高峡出平湖。神女应无恙，当惊世界殊。

词中的“一桥飞架南北，天堑变通途”，“一桥”即武汉长江大桥，“天堑”当然就是万里长江了。这首词既描绘了新中国成立初期万象更新的建设场面，又表达了毛泽东主席对人民建设祖国和改变山河豪迈气概的赞美。他用奔放浪漫的语言，抒发畅游长江的体验和所见所思，对国家未来建设的景象进行了“更立西江石壁，截断巫山云雨，高峡出平湖”的宏伟展望，也表明了武汉长江大桥贯通大江南北，使天堑变通途的重要历史意义。

天堑是天然形成的隔断交通的大壕沟，也可用来形容极为险要难以跨越的地势。长江自古被称为天堑。一千多年前，当隋朝大军进攻南朝陈兵临长江时，国主陈叔宝还笃定地说：“齐兵来过很多次，周军也企图两次进攻，可是都没有成功。他隋军能有什么办法？”都官尚书孔范立即逢迎上意：“长江天堑，古以为限隔南北，今日北军岂能飞渡耶？”意思就是，古往今来，一条长江隔断南北，这是最牢固的军事防线，惯于在北方平原作战的军队如今想要越过长江？做梦吧？除非他们能插上翅膀飞过来！

这话简直说到陈叔宝心坎上去了。于是陈叔宝越发放心大胆地“奏妓纵酒，赋诗不辍”。

有君臣如此，国家焉得不亡？历史的结局众所周知，隋朝水师大举灭陈，结束南北朝漫长的分裂，重新统一华夏。陈叔宝也就成了历史上的陈后主，唱着香艳的南朝歌曲《玉树后庭花》成了隋文帝杨坚的俘虏，被软禁在长安度过余生。

“商女不知亡国恨，隔江犹唱后庭花。”后来杜牧的《泊秦淮》化用的就是陈后主亡国的这个典故。

天堑为自古以来人们对长江险要地势的普遍认知，也一直是长江流域赖以防御的天然军事屏障，虽然它未必能阻挡得了志在必得的水师大军，却的确一直是令老百姓望而却步的地理鸿沟，阻碍着华夏大地的南北交通，甚至一度还流传过这样的民谣：“黄河水，长江桥，治不好，修不了。”“治不好”的黄河水和“修不了”的长江桥被视为世间最难办成的大事。

长江上真正的“天堑变通途”的标志性历史事件，就是毛泽东主席词中说到的“一桥飞架南北”，也就是于 1957 年 10 月通车运营的武汉长江大桥。

武汉长江大桥素有“万里长江第一桥”的美誉，它连接着湖北省武汉市的汉阳区与武昌区，是新中国成立后修建的第一座公路铁路两用的长江大桥，主桥由三联九孔的连续钢桁梁组成，每孔计算跨度为 128 米，也是古往今来，长江上的第一座大桥，现在已成为武汉市重要的历史标志性建筑之一。

毛泽东主席十分关心大桥的建设，不仅在武汉专门听取关于大桥勘测设计的汇报，登上黄鹤楼视察大桥桥址，还在 1957 年 9 月，也就是写下《水调歌头 · 游泳》后的第二年 9 月，第三次来到大桥工地视察，并从汉阳桥头步行到武昌桥头。当时的武汉长江大桥即将全部建设完工，桥墩挺拔，梁体刚劲，线形流畅，以昂扬崭新的姿态迎接着毛主席的检阅。

1957 年 10 月 15 日，伴随着武汉关码头的钟声，第一列火车鸣着汽笛穿越长江天堑，在 5 万多名武汉市民和现场观礼嘉宾的欢呼声中，武汉长江大桥正式通车。

○ 该图为武汉长江大桥最后的效果图，由参与武汉长江大桥方案设计的唐寰澄先生手绘。唐寰澄先生为我国著名的桥梁设计专家、桥梁美学家和桥梁史学家。

武汉位居中国腹地、长江中游，拥有重要的地理位置优势，是被孙中山誉为“内联九省、外通海洋”的大商埠。在大桥建成之前，尽管粤汉铁路和京汉铁路都已修建至武汉并通车，但一南一北却被滚滚长江阻隔，无法直接相连通，两岸交通还只能依靠船舶通行，南来北往的火车也同样要通过轮渡才能过江。火车乘渡轮过江甚至成为当时的“江城一景”。

飞架南北的武汉长江大桥，为长江天堑铺就了一条坦途。这条坦途连通起粤汉铁路和平汉铁路（两条铁路也因此而改称为京广铁路），连通起两岸的公路交通，成为连接中国南北的大动脉。它不仅将武汉三镇连为一体，还对促进我国南北经济的发展发挥着重要的作用。京广铁路武汉长江大桥“被誉为新中国铁路桥梁建设的第一个里程碑，深水基础管柱钻孔桩和大跨度钢梁制造成功，谱写了中国桥梁建设的新篇章”[①]。

①《中国铁路桥梁史》编委会：《中国铁路桥梁史》，中国铁道出版社，2009，第111页。

其实，当时光回溯至二十年前，也就是1937年，中国的“现代桥梁之父”茅以升就已经在自然条件很复杂的杭州钱塘江上主持设计、组织修建了钱塘江大桥。

钱塘江发源于安徽省休宁县的凫溪口，一路奔涌，东流入海。尤其是在上游山洪暴发和下游海潮倒灌的时候，江流越发险恶；如果上下游并发，惊涛骇浪，更是有“卷起千堆雪”的澎湃壮观，仿佛千军万马呼啸而来，势不可当。由于钱塘江水源丰沛，地形地貌复杂，江底泥沙深厚，在水流的冲刷下江底变化莫测，在杭州民间，不仅有着“钱塘江无江底”的传说，还流行着一句“钱塘江造桥”的谚语，用来形容不可能成功的事。

但，就是这样一件不可能成功的事，在茅以升的带领下干成了。从1934年开工，到1937年，经过两年多时间的奋战，钱塘江大桥的铁路、公路分别在1937年9月26日和11月17日建成通车。这是一座全长1453米，水下基础近50米的双层公路铁路两用大桥。

钱塘江大桥是我国第一座自主设计、建造的

现代化大型桥梁，正桥共16孔，单孔跨度67米，在中国现代化桥梁建设进程中具有转折性的历史意义。

然而，就在钱塘江大桥建成后不到三个月的12月23日，为了阻止侵华日军攻打杭州，茅以升受命忍痛参与了炸毁亲手建造的桥梁。

1937年12月25日，在炸毁桥梁的第三天，茅以升怀着复杂的心情写下了《别钱塘》三首组诗，用“钱塘江上大桥横，众志成城万马奔。突破难关八十一，惊涛投险学唐僧”的诗句，来纪念建设钱塘江大桥时的万众一心和攻坚克难，用“天堑茫茫连沃焦，秦皇何事不安桥。安桥岂是干戈事，同轨同文无浪潮”的诗句表达了对和平的向往和国家安泰的渴望，还用“斗地风云突变色，炸桥挥泪断通途。五行缺火真来火，不复原桥不丈夫”的诗句，表达了国家被侵略和被迫炸毁桥梁的痛苦，并发出了抗战胜利后修复原桥的坚定誓言。这座桥不仅见证了我们国家跨越天堑修建桥梁的高超技术，还见证了反抗外族侵略，夺取民族解放可歌可泣的历史，成为我国桥梁工程史上一座不朽的丰碑。

抗日战争胜利以后，茅以升又受命修复大桥。1947年3月，大桥临时修复通车，直至1953年9月，随着最后一个桥墩的修复工作完成，钱塘江大桥全面修复完工。

从抗战时期命运多舛的钱塘江大桥，到新中国昂扬挺立的武汉长江大桥，桥梁建造技术的不断进步标志着中国现代化桥梁建设进入了新的历史时期。桥梁作为跨越江河的使者和连接交通的纽带，已经经历了从“天生石梁”到“造舟为梁”，再到普通梁桥、拱桥、索桥等其他型式桥梁几千年的发展历史，承载了中国人民对出行方便、走向远方、追逐梦想的无限向往。

继京广铁路武汉长江大桥建成通车之后，20世纪60年代建成的京沪铁路南京长江大桥是“一座由中国自行设计和施工的具有世界水平的大型桥梁工程，被誉为中国现代铁路桥梁建设史上的第二个里程碑”[①]。

①《中国铁路桥梁史》编委会：《中国铁路桥梁史》，中国铁道出版社，2009，第140页。

我国不仅在长江、黄河等大江大河的桥梁建设技术上突飞猛进，跨海大桥同样取得了突破性的发展。我国海岸线绵长，海洋因其复杂的水文、地质和气象等条件以及通航、环保等方面的要求，可以说是人类桥梁跨越天堑中最具挑战性的一种。用桥梁征服海洋天堑，也是中国桥梁人从古到今的奋斗目标。早在南宋绍兴二十二年（1152），我国就建成了现存最长的海港大石桥——福建泉州安平桥。这是世界上中古时代最长的梁式石桥，是古代桥梁建筑的杰作，享有“天下无桥长此桥”之誉。而2018年10月开通营运的港珠澳大桥，则是我国现代海洋桥梁建设新的高峰。它飞渡的正是令南宋政治家、文学家文天祥在《过零丁洋》中发出“惶恐滩头说惶恐，零丁洋里叹零丁”叹息的广东珠江口伶仃洋天堑。

作为当今世界里程最长、施工难度极大的跨海大桥，港珠澳大桥不仅是名副其实的超级工程，还承载着中国人“千寻水面跨长桥，隐隐晴虹卧海潮”的超级梦想。这条筹备和建设历时十五年的“海上巨龙”，克服在数十米海水中施工桥梁墩台基础的困难，让气候条件多变、地质条件复杂的伶仃洋天堑变为了连接港珠澳三地的通途。主体工程中约22.9公里的路段为桥梁，分别设有寓意三地同心的“中国结”青州桥、人与自然和谐相处的“海豚塔”江海桥，以及扬帆起航的“风帆塔”九洲桥等三座通航斜拉桥。

新中国成立以前，虽然在各个历史时期，修建桥梁已十分普遍，中国古代桥梁建设也在诸多方面曾经领先世界，但近现代以前，受建筑材料和科技水平等方面的限制，桥梁大多为几米到几十米的中小跨度，人们的出行依旧受到江河湖海、高山峡谷等自然地形条件极大的制约，跨越天堑通畅出行还只是一个梦想。

所幸的是，近现代以来，建桥技术飞速发展，新技术、新材料、新工艺、新设备、新计算理论给建造跨越海峡、大江、深谷的桥梁提供了强大的支撑和力量。不论是桥梁的跨越能力，还是结构造型，抑或桥梁景观，甚至建设材料，都在日新月异中不断实现着突破和超越。

近现代桥梁的发展已经不仅仅停留在传统桥型有限的跨越能力提升上，大江大河、深沟峡谷，甚至波涛汹涌的大海，这些以往的天堑都被“一桥飞架”的大型或者超大型的桥梁所跨越，且采用的大多是跨越能力超强、桥型优美大方的拱桥、斜拉桥、悬索桥等桥型。

拱桥历史悠久，造型优美，线条柔和，在人类不同时期跨越天堑的过程中起到了十分重要的作用。特别是近现代以来，混凝土拱、钢箱拱、钢管拱、桁架拱等不同体系、各具特色的拱桥飞速发展，跨越能力也飞速提升。

重庆是山水之城，全市有上万座大大小小的桥梁，有着“桥都”的美誉。朝天门是重庆“九开八闭”十七座古城门的开门之一，被称为“古渝雄关”，控扼着长江与嘉陵江两江，位置险要，气势雄伟。2009 年 4 月 29 日，长江水道上连接江北区与南岸区的朝天门长江大桥通车。桥梁横卧在江上的“中国红”主拱，像一道夺目的飞虹，成为美丽山城的新地标。尤其是它 552 米的主拱跨径，让这座连续钢桁系杆拱桥超越了 6 年前通车的主跨 550 米的上海卢浦大桥，成为建成时的世界第一大跨径拱桥。

2024 年 2 月，广西天峨龙滩特大桥又以 600 米的惊人一跨横跨宽阔的红水河，再次刷新拱桥的跨度纪录，开启了世界 600 米级拱桥新纪元，成为新的“世界第一拱”和中国桥梁的新名片，树立起了拱桥建造史上的又一里程碑。桥梁采用的上承式劲性骨架混凝土拱桥桥型，不仅造价低、跨越能力强，还将推动大跨度拱桥设计、施工工艺的跨越式发展。

斜拉桥是一种年轻而发展迅速的桥型，它用斜拉索直接将主梁悬吊在塔柱上，结构轻巧，刚强有力，宏伟壮观。它的出现给桥梁建设带来了巨大变化，是跨越天堑当仁不让的“天选”桥型。

我国斜拉桥起步于1975年在重庆建造的跨度仅76米的云阳斜拉桥，此时我国对斜拉桥的建造还在摸索阶段，建设水平远远落后于当时的美国、德国、日本等桥梁强国。但随着1991年我国在上海黄浦江上建成423米跨度的南浦大桥，我国的斜拉桥建设水平则进入了国际先进行列，两年后同样在上海黄浦江上建成的跨径达到602米的杨浦大桥，则标志着我国斜拉桥建设水平进入世界领先行列。

黄浦江是上海的地标河流，流经上海市区。它处于长江三角洲前缘，河面最宽处约800米，深受潮汐影响，进潮退潮时江水流速很大。有竹枝词云“十八潮头最壮观，观潮第一浦江滩。银涛万叠如山涌，两岸花飞卷雪湍”。要在这样一条潮起潮落的大江上建桥，难度可想而知。

黄浦江将上海分成了浦东和浦西。改革开放前，浦东与浦西有着天壤之别。浦东农田阡陌，经济落后；浦西高楼林立，城市繁华。浦东浦西发展水平悬殊，以至于上海长期流行一句民谚：“宁要浦西一张床，不要浦东一间房。”由于没有桥梁通行，黄浦江一度像天堑一样阻碍着浦东的发展。

如今，南浦和杨浦这两座斜拉桥凌空飞架于黄浦江上，刚劲挺拔，简洁轻盈，拉近了浦东和浦西的距离，大大便利了浦东的发展，大桥的斜拉索成为奏响上海改革发展乐章的新琴弦。它们不仅立在了浪涛汹涌的黄浦江潮头，还立在了改革开放的潮头，成为中华民族伟大复兴画卷中亮眼的一笔。

正在建设的斜拉桥中，“主跨 1176m 的常泰长江公铁两用斜拉桥、主跨 1488m 的西堠门公铁两用斜拉 - 悬索协作体系桥，均进一步巩固了我国在大跨铁路桥梁建设领域的世界领先地位”[①]。

①孙宗磊、陈良江、杨少军等：《铁路桥梁现代化设计和高质量发展的思考》，《铁路工程技术与经济》2024 年第 39 卷第 5 期。

悬索桥的历史同样古老，而且已经成为特大跨径桥梁的主要类型之一。我国是悬索桥的发源地，古代悬索桥的修建比欧洲早一千多年。远在公元前 250 年左右，在我国四川就修建了“笮桥”（即竹索桥），但直到 20 世纪 90 年代初，我国现代悬索桥的建设才揭开新的历史篇章。

为跨越湖南湘西州德夯大峡谷而建设的吉茶高速公路矮寨大桥是跨越山区深谷天堑的代表桥梁之一，也是我国现代悬索桥中很具代表性的桥梁。

德夯是苗族等少数民族聚居的地方，“德夯”在苗语里是“美丽的峡谷”的意思。德夯大峡谷群山环抱，山势跌宕陡峭，垂直高度在 400 米至 600 米。峡谷内绝壁高耸，峰林重叠，溪河交错，地形十分险峻复杂，是古人难以跨越的交通天堑。一百年来，这里先后创造了两个路桥史上的工程奇迹——“矮寨坡公路奇观”和“世界第一悬索桥”。

“矮寨坡公路奇观”是1936年竣工的湘川公路经过德夯大峡谷矮寨天险时形成的奇观。这条公路修建于抗日战争期间，主要是为了运送军队和军用物资。公路长约6公里，却修筑在水平距离不足100米、垂直高度440米、坡度为70至90度的山岭之上。这样陡峭险峻的空间使得公路只能随着山势左弯右拐，蜿蜒而行，共转折了13道锐角急弯，形成26段几乎平行又上下重叠的路面。远远望去，这段公路就像一长条被折起的带子、一根被压缩的弹簧、一道陡峭的多级阶梯。

虽是奇观，但这样的公路通行条件和通行能力毕竟很有限，远远不能满足现代交通的需求，因此，修建新的桥梁来通过德夯大峡谷变得很迫切。

2012年正式建成通车的矮寨大桥采用的正是跨越能力出色的悬索桥。这是一座双层两用桥梁，上层为高速公路，下层为观光专用通道。桥梁主跨为1176米，曾创造了大桥跨峡谷悬索桥主跨跨度世界第一、首次采用索塔与梁体完全分离的结构设计、首次采用“轨索滑移法”架设钢桁梁和首次采用岩锚吊索结构并用碳纤维作为预应力筋材等四个世界第一的纪录。

如今，这样一座代表了我国桥梁建设极高水平的大桥，横空而过德夯大峡谷。站在远处望去，青山绿水间，一幅桥梁飞跃、无比美丽的图画展现在眼前。当漫步在桥梁下层观光通道时，别有一番云中漫步的滋味在心头。当汽车在矮寨大桥上飞驰而过时，桥下蜿蜒曲折的矮寨坡公路成了我国桥梁建设飞速发展的最好见证者。

我们常说，房子看高，桥梁看跨。桥梁的主跨长度，是衡量桥梁技术水平和建设能力的重要标志之一。桥梁跨度越大，意味着突破天堑的能力越大，但相应的建设难度也越大。

人类逢山开路，遇水架桥，突破桥梁跨度极限的脚步从未停止，这一点在悬索桥的建设上更是得到了充分体现。2022 年 3 月，主跨 2023 米的土耳其 1915 恰纳卡莱大桥通车，使悬索桥跨度首次突破了 2000 米。随着已开工的主跨 2180 米的广东狮子洋大桥和主跨 2300 米的江苏张靖皋长江大桥即将建成，悬索桥跨度将连续突破 2100 米和 2300 米大关。这些超大跨度的桥梁也将载入世界桥梁建设的史册，人类跨越天堑的能力在科技综合力量的加持下一次次以惊人的速度突飞猛进。

国际桥梁与结构工程协会（IABSE）原主席、日本著名桥梁专家伊藤学教授在《超长大桥梁的建设序幕——技术者的新挑战》一书中曾对 21 世纪的世界大桥工程作了高瞻远瞩的展望，他预言：21 世纪的中国将可能是唯一实际大量建设长大桥梁的国家。

正如他的预言一样，我国现代桥梁的建设虽然起步较晚，但令人骄傲的是，21 世纪以来，大量的长大桥梁在我国的大地上建设，创造了众多世界第一，我国已经成为桥梁建设的大国和强国。世界桥梁界有这样一句话：世界桥梁建设在 20 世纪 70 年代以前看欧美，20 世纪 90 年代看日本，21 世纪看中国。

如在中国西部省份贵州，为了把高速公路修进“袖珍小马有能耐，火车没有汽车快”的云贵高原，不断挑战人类桥梁史上的工程奇迹，用两万多座大桥来翻越峡谷，用高耸入云的桥梁连接起多彩贵州的千沟万壑，将万千天堑变为万千通途。在全世界排名前100的高桥当中，有80多座来自中国，而这80多座大桥之中，就有一大半来自贵州，并且几乎包揽当今世界的全部桥型，贵州因此被称为世界“峡谷桥梁博物馆”。

人类建设桥梁的过程也是与大自然抗争的过程。虽然很多桥梁建成后充满诗情画意，但面对大自然的严峻挑战，建设过程并非易事。

我们可以从古诗词中窥见自然现象的威力。唐代诗人李峤在《风》中用“过江千尺浪，入竹万竿斜”来形容大风来时的情景；唐代诗人杜牧的《李甘诗》也用“烈风驾地震，狞雷驱猛雨”形容风雨雷震等极端天气的恐怖；宋代词人陆游则在《十月二十八日夜风雨大作》中用“风怒欲拔木，雨暴欲掀屋。风声翻海涛，雨点堕车轴”来描写疾风骤雨的摧毁力……风雨雷震等自然现象对桥梁的破坏力同样巨大。在人类建桥史上，因大风、洪水、地震、冰冻等天灾而被摧毁的桥梁屡见不鲜。

随着桥梁向深沟峡谷、汹涌海湾挺进，桥梁的跨度变得越来越大，所处的地理环境越来越恶劣，受强风、暴雪、强震、海啸等复杂自然天气条件的影响也越来越显著。除桥身自重和通行的人群、车辆荷载等因素之外，这些自然现象成了控制桥梁跨度的重要因素，也成了建设大跨度桥梁重要的制约条件。要跨越天堑，必须解决自然现象带来的极其不利的影响。

风灾无疑是自然灾害中最频繁发生的一种。深山峡谷或海上的风力有时会达到12级，而超强台风的风力甚至会达到16级或以上，风速达到每秒 51 米以上。台风带来的狂风、暴雨和风暴潮等极端天气现象，对大跨或超大跨度桥梁的安全造成了巨大威胁。

历史上有很多因强风的作用使得桥梁遭到破坏甚至倒塌的例子。1940 年 7 月建成通车的美国华盛顿州塔科马海峡大桥（旧）为当时的世界第三大悬索桥，仅次于金门大桥和乔治・华盛顿大桥，由于对强风的认识有限，设计理论不尽完善，同年 11 月，也就是在通车仅 4 个多月后，大桥就被海峡中的大风摧毁，成为世界桥梁史上的惨痛教训。在这之前，苏格兰的德莱堡修道院大桥于 1817 年建成，在建成后的第二年就因风致振动使得其部分桥索被破坏，随后被一场大风彻底摧毁。另外，位于美国西弗吉尼亚州的惠灵大桥于 1854 年 5 月被一场大风掀翻桥面，英格兰的布莱顿栈桥于 1896 年发生风致破坏……强风已经成为桥梁建设中不能忽视、必须解决的难题。

塔科马海峡大桥的坍塌引发了科学家对风振问题的研究，促成桥梁风工程等新学科的建立。80 多年来，科学家们进行着从理论到实践的深入研究，在桥梁的抗风理论和抗风措施研究方面取得了丰硕成果。近年来，随着我国铁路和公路交通网络不断向西部山区和东南沿海及海峡延伸，桥梁工程面临着更加复杂多变的自然和气候环境条件。

令人欣慰的是，人类在建设桥梁的过程中，特别是近现代以来，摸索总结了很多成功经验来抵抗自然灾害的破坏，取得了傲人的成就。

今天，桥梁连着隧道、隧道连着桥梁的高速铁路、高速公路已经让古蜀道的奇绝山岭变为通途，“蜀道难”已成为历史，蜀道不再比登天还难。成百上千座各式各样的桥梁跨越了长江、黄河等自古以来的天堑，成为联通南北、横贯东西的交通大动脉。如果诗人李白看到此时此景，相信他一定会惊叹于现代人高超的建桥造隧技术，这时的他又会写下怎样的诗句呢?

人类在架设桥梁的过程中不断认识自然、认识桥梁，也在不断探索科学、突破极限。用一桥飞架的方式，跨越一道深谷，飞渡一条江河，征服一片海洋，连通八方道路，已经不是遥不可及的梦想。

在未来的桥梁建设中，无论是婉约精致的流水小桥，还是气吞山河的跨海大桥，或是流光溢彩的城市立交，以及火车飞驰的钢铁桥梁，这些桥梁都将有属于自己的风格和使命，也将以自己独特的方式继续跨水行空，演绎时代的进步和变迁。不久的将来，通过人类不断地创新追求，一定会有更多的桥梁跨越更难更险的天堑，经历雨雪风霜屹立在天地之间。

“神女应无恙，当惊世界殊。”从武汉长江大桥建成通车到今天，六十多年过去了，世界桥梁建设正发生着日新月异的变化，深刻地影响着我们的生活和出行。相信在未来的日子里，“神女”依旧在，更惊世界殊，因为会有更多千姿百态的桥梁跨越江河深谷，联通东西南北，服务人类，造福一方，继续引领着我们走向更加诗意的远方和更加如画的美好未来。

附：“守桥人”手记

——在桥上诗中，找寻未来的答案

生命的前十八年，我经常想，我究竟想做一个怎样的人？为此，我读了很多书，也走了很多路，但眼前的迷雾从未散去。

步入大学，初来长沙，一座桥送我从火车站口来到岳麓山下。我记得它，这是我来到长沙见到的第一座桥——橘子洲大桥。冥冥中，我与桥的缘分，似乎在我踏上潇湘的那一刻起，就已经注定了。

时维九月，序属三秋，一首诗召我从升华公寓来到南薰诗社。本固兄系统地引导我进行近体诗的创作，这让本就热爱诗词的我有了更多表达的方式。而我与诗的缘分，是命中注定，更是三生有幸。

眼前的雾气淡了些许，可我依旧看不清我要找寻的那个答案，再清晰一点、再清晰一点，这一切，似乎只差了一阵东风。

2020 年 6 月 11 日，“诗话桥”课题组正式成立。而后，在雨师的引荐下，我很荣幸地成为团队一员。

我向来是不喜在文科和工科之间划出沟壑的，学着土木的我蹭着雨师中国古代文学的课，如同远行的游子漫步在滴答的春雨中，滋养出一种唤作润物细无声的幸福。

所以当看到“诗话桥——土木院与文学院开展跨学科交叉研究”这个标题时，我的心被狠狠地触动了。欣喜和憧憬充斥在我的脑海里，我不知这是怎样的缘分让我得以遇见，但我很清楚，我已做出了选择。

在雨师和旭辉师的带领下，我考察了很多桥，也写了很多诗。而二十一孔桥，是我考察的第一座桥。

它没有我想象中的那一份气势磅礴，也没有印象中江南小桥的典雅温婉，乍一看，心中莫名地有些失落。可是当我再走远几步，看着远处的青山和横亘在青山之间的这座桥时，我的心恍惚间被触动了。那是一种什么样的感觉？古朴中蕴含着一份大气，沧桑中又记载着过去。自然，和谐，仿佛它就在那里，仿佛它本就属于那里。它以自己的厚实凝重，吸引着人们走近它的过往。

驻守在这座老桥附近的张爷爷说，当时的生活条件不好，建桥的物资也并不充裕，当时建这座桥主要是为了七一渠的顺畅流通。人们要想过桥，还必须在桥两侧扶着铁焊的简易扶手战战兢兢地过。后来经济水平提高了，政府就在经过桥身的七一渠上面，为桥修建了桥面和护栏，极大地方便了人们的通行，这才有了今天的模样。六十多年了，桥上的护栏腰板已挺不直了；桥上经过的鸟雀也是来了又去，去了又来；曾经在这座桥上走过的人啊，也是和这座二十一孔桥一般，从桥的一端来，走到另一端去。人们把难以磨灭的脚印留在桥上，慢慢地，桥也有了故事。

我和桥的故事，也正是从这里开始的。

2021 年，在雨师和旭辉师的指导下，我主持了“湖南省典型古桥现状及古桥文化探寻”的国家级大学生创新创业项目进行学科交叉的初次尝试，获得了优秀创业实践奖、我最喜爱的现场展示项目奖等诸多奖项；2022 年，我和简君在原有的基础上进行的新尝试——“诗画桥”同样获得了国家级立项。

在从“诗话桥”到“诗画桥”的过程中，古桥与诗词结合的魅力深深吸引了我，而我也收到了一份意外之喜。

在老师们的大力支持下，我们正式组建了“守桥人”团队，第一次踏上了“互联网 +”大学生创新创业大赛的征途，相关活动吸引全校 10 余个院系百余名同学积极参与。

在项目打磨中，“守桥人接力”的计划也初显眉目，跨一江水，润一方人，守一座桥。全国仍有 500 余处不可移动文物、70 多处省保级以上文物桥被忽略或是损毁，而我们——守桥人们，将继续实地勘探古桥数据，实时监测古桥状态，先于灾害制定保护方案，为保护古桥古建筑及发扬其蕴含的传统文化做出贡献。

2023 年初，我有幸又一次跟随“诗话桥”团队来到隆回考察古桥。其中，有着600多年历史的石杨桥吸引了我们的注意。因年久失修，石杨桥已经成了摇摇欲坠的危桥，相关的修缮工作迫在眉睫。因此，当地政府提出，能否请“诗话桥”团队的专家提供专业的修缮与保护方案。听到这个请求，团队负责人旭辉师、中大设计院胡迎新董事长当即表示对石杨桥修缮保护工作全力支持，并指挥团队师生对古桥进行了细致全面的勘察和会诊。次日早上8点，中大设计院便以极高的热忱、效率和质量开展了“石杨桥保护设计专题工作会议”。当时我就在思考着：“现在本就研究桥梁方向专业、以后也必将扎根于桥梁的我，又可以为这些古桥做些什么呢？”

从石杨桥离开时，一位守在桥边很多年的老爷爷走过来，用当地的方言热情地诉说着什么。从旁边村民的解释中，我听到“一帆风顺”“好好保护这座桥”“等你们下次再来”等质朴真切的祝福和叮嘱。或许，这便是石杨桥滋养的淳朴而热情的民风。我紧紧地握着老爷爷的手，那一刻，似乎感受到一种使命的传承。

正是在这样一次次的随队考察中，我对守桥人的理解也越来越深刻。四年来，我很幸运，能够与许多优秀的伙伴同行。来自吟唱团、民乐团、宣讲团等不同地方的我们结缘在桥上、在诗里，共同守护着古桥的前世、今生和未来，探寻着学科交叉的魅力和无限可能。

因古桥结缘，于团队成长，在“诗话桥”团队的日子里，我收获了很多，也愈发热爱。于是乎，在今年保研时，我选择了留下，师从旭辉师继续深造。我很荣幸能够追随老师，躬耕于桥梁，扎根于文化，继续选择守桥人这个身份，用一生守一座桥，写一首诗。

我用了很多年的时间来思考，我，究竟想做一个怎样的人？

如今，我的眼前再无年少时的迷雾遮拦，我终于找到了那个令我满意的答案——做古桥乡愁守护者，做初心不改守桥人。

人生的岔路口有太多风光，美妙到让人心驰神往，可是总有一个理由，足够让我选择留下。缘渡此间江水，同倾杯底婵娟。笑书桥上影相欢，画入红笺。

守桥人：王文博

（中南大学土木工程学院桥梁工程专业博士研究生）

2024年秋于长沙

后 记

从2020年6月11日“诗话桥”课题组正式成立，到今年《诗画桥》正式面世，近五年的时间过去了，我很开心见证了课题组的壮大与成熟，也看到了每一位新、老成员的成长，尤其是以大学生为主力、依托“诗话桥”课题组创建的“守桥人”团队佳绩频传，让我感动于年轻人传承文化、潜心学术的激情与使命感。“桐花万里丹山路，雏凤清于老凤声”，信然。

《诗画桥》一书也是团队的成果之一。撰写本书的初衷是希望按朝代的顺序（先秦两汉唐宋元明清直到当代），梳理中国古典诗词中的桥梁意象和桥梁故事，并简笔勾勒中国桥梁文化发展轨迹，结合古画中的桥梁，更具象地反映“桥梁”在不同时代的审美特质以及中国桥梁建设在当代的飞跃式发展。因此本书的创作团队会聚了中国古代文学、桥梁工程、建筑学和美术界等不同领域专业研究人员的力量，尽我们的最大努力确保本书融专业性和趣味性于一体，力图为读者呈现一部“赏心悦目”的著作。

本书一共十五集，我撰写了其中的第一集到第十一集，2024年9月26日至10月7日，中央电视台科教频道《百家讲坛》播出我主讲的“诗画桥”系列节目，即以本书前十一集为底稿。

感谢团队常恒畅老师和我的研究生王雨墨、黄瑾迟同学为本书的撰写提供了部分灵感与素材。王雨墨同学的硕士论文主题聚焦于唐代长安、洛阳两京涉桥诗，黄瑾迟同学的硕士论文主要研究宋词中的桥梁意象，本书中唐宋两部分的素材颇得益于他们的研究成果。

本书第十二、十三集撰稿人为宁静（中南大学“诗话桥”团队特聘助教），第十四集撰稿人为唐苗（中南大学人文学院古代文学专业老师），第十五集撰稿人为胡迎新（湖南中大设计院董事长、正高级工程师）。

全书古画素材及相关文字阐释由广东美术馆研究馆员王嘉教授编写。

“诗话桥”团队负责人何旭辉教授及魏晓军、严磊、李哲、方淑君、蔡陈之等诸位教授为全书桥梁结构部分的描述提供素材并进行了细致的审阅和修改。

全书的统稿、修订由杨雨、何旭辉、胡迎新、宁静完成。

特别感谢唐浩先生提供他的父亲唐寰澄先生手绘的武汉长江大桥设计图，珍贵的手稿既让我们看到了“20世纪中国著名桥梁专家”

的高超工艺水准与深厚的人文艺术修养，也见证了中国现代桥梁建造技术的腾飞。

感谢杨永斌院士通读全稿并赐序，杨院士对《诗画桥》给予高度评价，也让我们备受鼓舞。

感谢中央电视台《百家讲坛》栏目制片人曲新志老师的鞭策，让我能鼓起勇气将这个跨学科交叉研究的成果搬上屏幕；感谢栏目的编导团队李锋老师、孟庆吉老师、李伟宏老师、王超老师、林屹屹老师及后期编辑“小朋友们”的共同努力。尤其让我感动的是，《百家讲坛》的“诗画桥”系列讲座首次让我这个资深主讲人走出演播室，我们一起走上湖南新化油溪桥、安化永锡桥、长沙橘子洲大桥等，让文字中的“桥梁”以更为鲜活的形态呈现在观众眼前。

感谢湖南教育出版社刘新民社长、莫艳总编辑对《诗画桥》的关爱，感谢责编祝虎林、张洵、蒋捷晖的倾力付出，让我们共同的成果《诗画桥》能够以最好的样子展现在各位读者朋友面前。

我的博士生陈文锦在一次古桥田野考察之后颇有感慨地写下了一首七律，其最后一联是：“他日遍寻流水处，归来仍是守桥心。”诗未必完美，但的确是我们共同的心声。

无论生活的道路延伸得有多远，期待我们，永远葆有一颗“守桥”的赤子之心。

杨雨

2025 年 2 月

图书在版编目（CIP）数据
诗画桥 / 杨雨, 何旭辉, 王嘉著. -- 长沙：湖南教育出版社，2025.4. -- ISBN 978-7-5754-0959-9
Ⅰ. U44-092
中国国家版本馆CIP数据核字第2025TQ7113号

诗画桥

SHI HUA QIAO

杨　雨　何旭辉　王　嘉　著

出 版 人：刘新民
策 划 人：莫　艳　初虎林
责任编辑：蒋捷晖　张　洵　初虎林
责任校对：胡　婷　朱艳红
装帧设计：谢俊平　刘阁辉
出版发行：湖南教育出版社（长沙市韶山北路 443 号）
网　　址：www.bakclass.com
微 信 号：湘教智慧云
客服电话：0731-85486979
经　　销：湖南省新华书店
印　　刷：湖南省众鑫印务有限公司
开　　本：710 mm×1000 mm　16 开
印　　张：19
字　　数：200 000
版　　次：2025 年 4 月第 1 版
印　　次：2025 年 4 月第 1 次印刷
书　　号：ISBN 978-7-5754-0959-9
定　　价：78.00 元